DÉCLARATION

DES

DROITS DE L'HOMME

OU

PRINCIPES DE 1789

Mis en regard des Lettres apostoliques

De S. S. LÉON XIII

Par l'abbé **P. BONDON**

Du clergé d'Amiens

> « Plus que jamais c'est sur le Peuple que
> repose le salut des États.... Aussi est-ce
> surtout afin d'apprendre au Peuple à déli-
> miter *ses droits et ses devoirs,* à se diriger,
> et à se sauvegarder lui-même, que Nous
> avons écrit plusieurs de Nos Lettres... »
>
> LÉON XIII, 25 Nov. 1898.

PARIS

ETHIELLEUX, LIBRAIRE-ÉDITEUR

10, RUE CASSETTE, 10

DÉCLARATION

DES

DROITS DE L'HOMME

OU

PRINCIPES DE 1789

Mis en regard des Lettres Apostoliques

DE S. S. LÉON XIII

Imprimatur

Parisiis, die 1 martii 1899

                       ✝ FRANCISCUS, CARD. RICHARD
                                    Arch. Parisiensis.

DÉCLARATION

DES

DROITS DE L'HOMME

OU

PRINCIPES DE 1789

Mis en regard des Lettres apostoliques
De S. S. LÉON XIII

Par l'abbé **P. BONDON**

Du clergé d'Amiens.

> « Plus que jamais c'est sur le Peuple que repose le salut des États..... Aussi est-ce surtout afin d'apprendre au Peuple à délimiter *ses droits* et *ses devoirs* ; à se diriger, et à se sauvegarder lui-même, que Nous avons écrit plusieurs de Nos Lettres..... »
>
> LÉON XIII, 25 Nov. 1898.

PARIS

P. LETHIELLEUX, LIBRAIRE-ÉDITEUR

10, RUE CASSETTE, 10

DÉCLARATION DES DROITS DE L'HOMME

ou

PRINCIPES DE 1789

MIS EN REGARD DES LETTRES APOSTOLIQUES
DE S. S. LÉON XIII

INTRODUCTION

« Dans les « Libertés modernes » ou
« Principes du droit nouveau » exposés au mi-
« lieu des grands troubles du siècle dernier,
« il faut soigneusement distinguer, nous dit
« S. S. Léon XIII, l'élément de vérité que ces
« principes contiennent, des doctrines alté-
« rées que les passions humaines ont pu y in-
« troduire: tout ce qu'ils contiennent de bon,
« en effet, est aussi ancien que la vérité, et
« l'Église l'a toujours admis et approuvé. »

(Ency : IMMORTALE DEI. — LIBERTAS.)

Pour atteindre plus sûrement ce but, nous croyons devoir commencer par établir une distinction entre la « Déclaration des droits de l'homme » telle qu'elle a été formulée par l'Assemblée Constituante en 1789, et celles qui émanent de différentes autres sources, notamment des écrits de Hobbes et du fameux *Contrat social* de J.-J. Rousseau. — La « Déclaration » de 1789 est, en effet, bien plus précise, plus connue, et contient bien plus d'éléments honnêtes que les autres déclarations similaires : aussi est-ce elle qu'il importe surtout de comparer à la doctrine catholique exposée dans les Lettres si remarquables du Grand Pontife qui gouverne actuellement l'Église.

« L'Assemblée Constituante était composée, en grande partie, d'évêques, de prêtres, de religieux, de chrétiens sincères, qui, par leur éducation, leur position sociale et leurs lumières formaient l'élite de la nation (1). » — on ne pourrait donc soupçonner la majorité des membres de cette Assemblée, d'avoir *sciemment* méconnu les droits de Dieu sur l'homme et sur la Société. — « Nous avons

(1) Mgr Gaume, *la Révolution*, ch. v, p. 58.

jugé », \disait à la tribune Monseigneur de Cicé, archevêque de Bordeaux, et l'un des rapporteurs du Comité chargé d'élaborer le projet de Constitution, « nous avons jugé que « la Constitution devait être précédée d'une « Déclaration des droits de l'Homme et du « Citoyen; non que cette « Déclaration » pût « avoir pour objet d'emprunter, à des vérités « premières, une force qu'elles tiennent de la « Morale et de la Raison, qu'elles tiennent de « la Nature qui les a déposées dans tous les « cœurs, auprès du germe de la vie; mais « c'est à ces mêmes titres, que nous avons « voulu, qu'à chaque instant la Nation pût y « rapporter chaque article de la Constitution « dont elle s'est reposée sur nous. — Nous « avons prévu, que, si, dans la suite des âges, « une puissance quelconque tentait d'imposer « des Lois qui ne seraient pas une émanation « de ces mêmes principes, ce type originel et « toujours subsistant, dénoncerait à l'instant « à tous les citoyens le crime ou l'erreur. »

(Moniteur, 25 juillet 1789).

C'est, on le voit, un simple précis du « Droit naturel » tel qu'il a été « déposé dans tous les cœurs par la Nature, auprès du germe de la vie », qu'ont voulu rédiger les Législateurs de la Constituante. Ont-ils prétendu le faire sans tenir aucun compte des droits de Dieu ? écoutons-les encore ; leur « Déclaration » commence par ces paroles : « En présence et sous les auspices de l'Être suprême, l'Assemblée nationale reconnaît et déclare les droits suivants de l'Homme et du Citoyen » (1). Le but de nos ancêtres était donc, on peut l'affirmer, de défendre les droits de l'Homme, sans porter atteinte aux droits de Dieu.

La lumière de la raison elle-même ne nous dit-elle pas d'ailleurs que Dieu, infiniment sage, n'a pu nous créer que pour sa gloire et pour notre bonheur ?... que sans le connaître et sans l'aimer, c'est-à-dire sans pratiquer la vertu, nous ne pouvons ni le glorifier ni être heureux ?...

(1) Voici le préambule intégral de la Déclaration de 1789 :
— « Les représentants du peuple français, constitués en Assem-
« blée nationale, considérant que l'ignorance, l'oubli, ou le mépris
« des droits de l'homme, sont les seules causes des malheurs
« publics et de la corruption des gouvernants, ont résolu d'exposer
« dans une déclaration solennelle, les droits naturels, inaliénables
« et sacrés de l'homme. — En conséquence, l'Assemblée natio -
« nale reconnait et déclare, en présence et sous les auspices de
« l'Etre suprême, les droits suivants de l'homme et du citoyen : »
— Nous allons voir qu'en ignorant, oubliant ou méprisant les
droits de Dieu, l'homme attente aux siens propres, et que récipro-
quement ignorant, oubliant ou méprisant ses droits, il attente à
ceux de Dieu.

« Si la Nature, avec les biens, les richesses
« et les forces qu'elle met à notre disposition,
« arrive à multiplier les charmes de la vie, dit
« Léon XIII, elle ne saurait suffire à rassasier
« l'âme *créée pour une fin plus élevée et plus*
« *glorieuse...* c'est que regarder Dieu, auteur
« de tout bien, et *tendre à Lui, est la Loi*
« *suprême de la vie humaine :* créé à l'image
« et à la ressemblance de Dieu, l'homme est
« porté par sa nature à jouir de son Créateur;
« or, ce n'est pas à l'aide de mouvements ou
« d'efforts corporels, qu'il peut se rapprocher
« de Lui, mais par des actes propres à l'âme;
« par l'intelligence et par l'amour : l'intelli-
« gence peut-elle trouver son aliment ailleurs
« que dans la vérité ? — Et Dieu n'est-il pas
« la vérité même ? — N'est-il pas aussi le
« plus grand de tous les biens, auxquels seule
« la volonté puisse tendre, à l'aide de la vertu ?

« La Nature n'a pas fait l'homme un être
« purement physique, il est un être moral. La
« vie du corps, quelque précieuse qu'elle soit,
« n'est pas le but suprême de son existence;
« elle n'est qu'une voie et un moyen d'at-
« teindre *le perfectionnement de la vie de*
« *l'âme...* »

« Or, deux choses sont nécessaires au per-
« fectionnement moral de l'homme : *la vérité*,
« pour la culture de son intelligence, *la vertu*,
« pour l'ennoblissement de sa volonté ; car la
« *vraie dignité* de l'homme réside dans ses
« mœurs, c'est-à-dire dans la vertu, qui est
« le patrimoine de tous, riches et pauvres, et
« qui peut seule, par le *mérite* qu'elle acquiert,
« lui obtenir la vie éternelle. »

« Ces vérités, qui ont été admises par les
« plus sages d'entre les païens, sont les prin-
« cipes de toute justice et de toute honnêteté.
« Si on les méconnaît, il devient impossible
« de savoir en quoi consiste la notion du
« juste et de l'injuste, et sur quoi elle s'ap-
« puie. »

(Ency : PERGRATA NOBIS. — RERUM NOVARUM.
— ÆTERNI PATRIS.)

Les membres de l'Assemblée nationale ont-
ils tous admis, dans leur ensemble, ces vérités
premières, et ont-ils réussi à faire de leur
Déclaration une œuvre irréprochable et, par
conséquent, en tous points irréformable ?...
Tout esprit impartial et réfléchi pourra en
juger, après l'avoir comparée avec la doc-

trine magistralement exposée par Celui qui est au premier chef le Gardien et le Défenseur, non seulement de la Vérité révélée, mais encore de la Loi naturelle, « gravée et déposée dans tous les cœurs par l'auteur de la Nature, » et promulguée par la lumière de la droite raison ; il devra nécessairement constater que, si, la « Déclaration » rédigée par l'Assemblée Constituante contient assurément de nombreux éléments de vérité, elle est, sur plusieurs points essentiels, en contradiction évidente avec la Loi de la Nature ; sans doute, on pourra dire que les erreurs ou omissions qu'on y rencontre, existent bien plus souvent dans la forme que dans le fond de ces principes ; on pourra même ajouter qu'elles ont échappé à des hommes qui étaient sincères et de bonne foi ; elles n'en sont pas moins réelles ; aussi faut-il savoir les discerner en étudiant « les Principes de 1789 », et surtout en les appliquant ; c'est ce que nous allons essayer de faire, en prenant pour guide la plus haute autorité morale qui soit en ce monde.

Pour être bref, nous nous contenterons de citer intégralement chacun des articles de la « Déclaration », en mettant en regard les extraits des Lettres apostoliques qui s'y rapportent et en y ajoutant les indications qui permettront au lecteur, auquel notre travail pourrait paraître trop concis, de se reporter facilement aux documents auxquels nous avons emprunté nos citations.

Nous n'avons entrepris cette étude que pour faire connaître et apprécier de plus en plus la doctrine de Léon XIII, et pour répondre, dans la mesure de nos forces, au désir de l'Illustre Pontife qui est, comme Il le déclare Lui-même, « de produire d'abord l'union dans les esprits, afin d'arriver à la faire « naître dans les volontés et dans les cœurs. »

(Ency. : SAPIENTIÆ CHRISTIANÆ.)

Amiens, 2 février 1899,

DÉCLARATION DES DROITS DE L'HOMME

PREMIÈRE SECTION

LIBERTÉ, ÉGALITÉ, FRATERNITÉ

Déclaration. — Article Iᵉʳ. — Les hommes naissent et demeurent libres et égaux en droits : les distinctions sociales ne peuvent être fondées que sur l'utilité commune.

(Présenté à l'Assemblée par M. Mounier : adopté le 20 août 1789. *Moniteur*, p. 183.)

EXTRAITS DES LETTRES APOSTOLIQUES.

§ I.

Nature de la Liberté humaine

« La Nature a fait les hommes libres : c'est le droit des gens qui les a réduits dans la suite en servitude ».

(Ency. : In Plurimis)

« La Liberté, dit encore Léon XIII, est l'apanage des êtres doués de raison ; mais si on se demande quelle est sa nature, il est certain qu'elle n'est rien autre chose que la faculté qu'a l'homme, de choisir ce qu'il croit convenable à la fin qu'il se propose, en ce sens, que celui qui a la faculté de choisir une chose entre plusieurs autres, celui-là est le maître de ses actes. »

(Ency. : LIBERTAS.)

Imperfection de la Liberté humaine.

Or, tout ce qui nous paraît désirable dans les objets extérieurs, est considéré par nous comme appartenant à ce genre de bien que nous appelons « *utile* ». — Selon la loi de la Nature, ce qui nous est avantageux peut seul exciter nos désirs. »

« Mais, comme chacune de nos facultés ne possède pas une perfection absolue, il peut arriver, et il arrive souvent, que l'Intelligence propose à la Volonté un objet qui, loin de posséder une bonté réelle, n'a que l'apparence du bien et que, néanmoins, la Volonté trompée cherche à l'atteindre cependant, de même que pouvoir se tromper, et se tromper réellement, est un défaut accusant que notre Intelligence est loin d'être douée d'une perfection intégrale, ainsi, s'attacher à un bien faux et trompeur, tout en étant un indice de liberté, comme la maladie est un indice de la vie, n'en constitue pas moins un défaut de la Liberté : et, comme la Volonté de l'homme dépend de la Raison, lorsqu'il désire un bien qui n'est pas conforme à ce que doit désirer la droite Raison, sa Volonté tombe dans le vice, et souille la Liberté en se servant d'elle d'une manière perverse. »

« Saint Thomas a traité souvent et longuement cette question, et, de sa doctrine il résulte que *la faculté de faire le mal n'est pas une liberté, mais une servitude.* Son argumentation sur cette parole du Sauveur Jésus : « Celui qui commet le péché est l'esclave du péché » (Jean, VIII) est très subtile. — « Tout ce qui a l'existence, dit-il, est ce qu'il lui convient d'être, selon sa nature : c'est pourquoi, lorsqu'un être reçoit son principe d'action d'un agent extérieur, il n'agit plus selon sa nature, mais sous une impulsion étrangère, ce qui est le propre de l'esclavage : Or, l'homme est naturellement raisonnable ; quand il agit selon sa Raison, il agit conformément à sa nature et par sa propre action, ce qui est le fait de la Liberté. Quand il fait le mal, au contraire, il agit sans raison et c'est alors, comme s'il agissait sous l'impulsion d'un autre et, sous une domination étrangère : on peut en conclure que « celui qui commet le péché est l'esclave du péché ».

« La Philosophie ancienne, surtout celle qui enseigne que « nul n'est libre que le sage » avait entrevu assez nettement cette vérité, car on sait qu'elle réservait ce nom de « sage » à celui qui s'était formé à vivre constamment selon la Nature, c'est-à-dire dans l'honnêteté et la vertu. »

(Ency. : Libertas.)

Secours nécessaire pour diriger la Liberté humaine : Loi naturelle.

« La Liberté humaine, se trouvant dans ces conditions, avait besoin d'aide et de secours capables de diriger tous ses mouvements vers le *bien*, et de les détourner du *mal;* sans cela elle eût été pour l'homme une chose très nuisible; et d'abord il lui fallait une « *Loi* » c'est-à-dire *une règle*, lui dictant ce qu'il faut faire et éviter : cette règle n'a pas sa raison d'être pour les animaux; ceux-ci agissent par nécessité, en accomplissant leurs actes sous l'impulsion de la nature, sans qu'il leur soit possible d'y modifier quoi que ce soit. »

« Les êtres qui jouissent de la Liberté, au contraire, ont, par eux-mêmes, le pouvoir d'agir et celui de ne pas le faire; et, lorsqu'est intervenu le *jugement* de la *Raison* dont nous avons parlé, ils peuvent diriger leurs actions dans un sens ou dans l'autre, à leur gré: ce jugement établit, en effet, non seulement ce qui est *naturellement honnête ou honteux*, mais encore ce qui est *bon* et par conséquent à réaliser, et ce qui est *mal* et par conséquent à éviter »... « C'est donc la *Raison* qui prescrit à la Volonté ce qu'elle doit désirer et ce qu'elle doit fuir, afin que l'homme puisse un jour atteindre *la fin suprême* en vue de laquelle il doit accomplir tous ses actes. C'est cette ordination de la Raison qui s'appelle la « Loi » et la première de toutes les Lois est la *Loi naturelle* qui est écrite et gravée dans le cœur de chaque homme et qui est *la Raison* même de l'homme, lui prescrivant de bien faire et lui défendant de pécher ».

(Ency.: LIBERTAS)

La Loi naturelle est la raison de Dieu, dirigeant la Liberté humaine.

« Cependant cette prescription de la Raison humaine ne saurait avoir force de Loi, si elle n'était l'organe et l'interprète d'une Raison plus haute à laquelle notre Intelligence et notre Liberté doivent obéir: le rôle de la Loi étant, en effet, d'imposer des *devoirs* et d'attribuer des *droits*, celle-ci doit reposer tout entière sur une *autorité*, c'est-à-dire sur un « *pouvoir* » vraiment capable d'établir ces *devoirs*, de définir ces *droits*, et aussi de *sanctionner ses ordres*, par des peines et des récompenses : toutes choses qui, évidemment, ne pourraient exister dans l'homme, s'il se donnait à lui-même comme étant le Législateur suprême, et la règle de ses propres actes. On peut donc dire que la Loi naturelle n'est rien autre chose que la Loi éternelle gravée dans les êtres doués de raison, et les inclinant vers l'acte et la fin qui leur conviennent : elle n'est en réalité que la Raison éternelle de Dieu, Créateur et Modérateur du monde. »

(Ency. : Libertas.)

Insuffisance de la Loi naturelle pour diriger la Liberté humaine.

« Cependant, il serait bien difficile, si tant est que cela leur soit possible, à ceux qui voudraient prendre *leur seule Raison* pour guide de trouver *l'unité de doctrine* : l'art de connaître le *vrai* est plein de difficultés ; l'Intelligence humaine, naturellement si faible, est ballottée par la variété des opinions ; elle est le jouet des impressions qui lui viennent du dehors ; les passions, enfin, amoindrissent souvent et vont même parfois jusqu'à annihiler la faculté qu'elle a de connaître le vrai ».

(Ency. : SAPIENTIAE CHRISTIANAE)

« Si l'on faisait donc dépendre *le bien et le mal* du seul et unique jugement de la Raison individuelle, on ne pourrait plus savoir exactement ce en quoi ils diffèrent : ce qui est honteux et ce qui est honnête ne seraient plus, en effet, deux choses opposées en réalité, mais deux choses qui différeraient seulement selon le jugement et l'opinion mobile du premier venu. Chacun, dès lors, pourrait agir à sa guise et faire ce qui lui plairait ; c'est ainsi que, sous une fausse apparence de Liberté, la Volonté pourrait être détournée des préceptes divins, et s'engager dans les voies d'une licence effrénée : — Car *l'essence du vrai et du bien ne peut changer ; comme la nature des choses, elle est immuable* » (1).

(Ency. : LIBERTAS)

Secours nécessaire pour diriger la Liberté humaine : Loi surnaturelle.

« Aussi, à la Loi naturelle, qui est la règle de nos actes et le frein du péché, Dieu a voulu ajou-

---

(1) Cette doctrine réfute les systèmes de *l'utilitarisme* (individuel ou social) — Aristippe, Epicure, Diderot, Bastiat, Reid, Comte, Littré, Stuart-Mill, Darwin, Herbert Spencer, etc., *du Sensualisme*, Smith, Huchetson, Robinet... *du Positivisme*, Hobbes, Rousseau, Hégel, etc...

ter certains secours singulièrement efficaces pour
affermir et guider la volonté de l'homme : Au premier rang de ces secours, brille la « *grâce divine* »
qui en éclairant l'Intelligence (1), et en inclinant
sans cesse vers le bien moral la Volonté humaine,
salutairement raffermie et fortifiée, rend à la fois
plus facile et plus sûr l'exercice de la Liberté naturelle. Sans doute *la Révélation* n'était pas nécessaire d'une façon absolue, puisqu'elle comprend
toutes les vérités essentielles qui ne sont pas
inaccessibles à la lumière de la Raison humaine
(telles que l'existence de Dieu, la Providence, l'immortalité de l'âme) — vérités qui ne nous ont été
révélées qu'afin que tous puissent les connaître
facilement, avec une ferme certitude et sans mé-
lange d'erreur — mais, elle devenait absolument
nécessaire, étant donné que, dans son infinie bonté,
Dieu destinait l'homme à une *fin surnaturelle* ».

(Ency. : Libertas. — Providentissimus Deus)

« Et ce serait s'écarter absolument de la vérité
que de penser que, par cette intervention de Dieu,
les mouvements de la Volonté perdent quelque
chose de leur liberté, car l'influence de la grâce
divine atteint ce qu'il y a de plus intime dans

(1) Surtout *par la Révélation*.

l'homme et s'harmonise avec ses propensions naturelles : l'Auteur de la grâce est également l'Auteur de l'âme et de la Volonté humaine et c'est
Lui qui meut tous les êtres d'une manière conforme à *leur nature...* Enfin, comme le remarque
le Docteur angélique, la grâce divine, par là même
qu'elle émane de l'Auteur de la Nature, est mer-
veilleusement et naturellement apte à conserver
toutes les natures individuelles et à garder à chacune d'elles : le caractère, les énergies, et le mode
d'agir qui leur sont particuliers ».

« Il est donc absolument nécessaire que la
règle de la vie humaine soit constamment et religieusement empruntée, non seulement à la *Loi
naturelle*, mais encore à l'ensemble et au détail
de *toutes les Lois* que Dieu a voulu nous trans-
mettre, par les moyens qui ont plu à son infinie
Sagesse et à son infinie Puissance ; et cela est
d'autant plus nécessaire, que nous pouvons arriver à connaître ces Lois avec certitude, comme
nous le dirons plus loin, à l'aide de marques évi-
dentes qui ne laissent aucune place au doute ».

(Ency. : Libertas).

« Aussi sont-ils vraiment sages ceux qui re-
çoivent de l'Église la règle de leur foi : « Ils savent

alors avec assurance qu'en obéissant à son autorité infaillible, et en se laissant guider par Elle, ils seront en possession de la vérité ».

(Ency. : Sapientiae Christianae)

L'homme ne demeure vraiment libre qu'en faisant le bien.

« Il faut conclure de tout ce qui précède que la Liberté, en tant qu'elle est un élément capable de perfectionner l'homme, peut et doit s'appliquer uniquement à ce qui est *vrai* et à ce qui est *bien*. — Que l'essence de la vérité et du vrai ne peut changer, car elle est immuable comme la nature des choses. — Enfin, que si l'Intelligence humaine, malgré les Lois naturelle et surnaturelle par lesquelles Dieu la dirige et l'éclaire, adhère à des idées fausses ; que si la Volonté choisit le mal et s'y attache, ni l'une ni l'autre n'atteindront leur perfection ; elles décherront de leur dignité native en se corrompant » (1).

(Ency. : Immortale Dei)

(1) Toute faculté humaine se développe et se perfectionne en remplissant la mission qui lui est dévolue : or, la mission de la Liberté est de nous amener à vouloir le bien ; elle doit tendre au bien ; elle se perfectionnera donc et se développera en raison du travail qu'elle accomplira pour nous porter vers son but. Elle diminuera, en nous éloignant du but auquel elle doit tendre. (Cardinal Capecelatro, Doct. Chrét., III, ch. ix). Mais, si en cherchant un bien faux, n'ayant que l'apparence du bien, l'homme n'est pas vraiment libre, il ne laisse pas cependant d'être vraiment responsable du mal qu'il

« Cependant, il faut se garder de croire que, tout en n'accordant de *droits* qu'à ce qui est vrai et honnête, l'Église ne tienne aucun compte de la faiblesse humaine... Elle n'ignore pas, dans son appréciation maternelle, le mouvement qui entraîne, à notre époque, et les esprits et les événements. Aussi, imitant en cela la Providence divine, laquelle, sans vouloir que le mal arrive ou qu'il n'arrive pas, *le permet* cependant, ce qui en soi est bon, l'Église déclare qu'en vue du bien commun, il faut, sans jamais le vouloir et sans jamais l'approuver, *savoir tolérer le mal*, lorsque cela est nécessaire, soit pour empêcher de plus grands désordres, soit pour obtenir un plus grand bien ».

(Ency. : LIBERTAS).

§ II.

Nature de l'Égalité humaine

Les hommes, égaux par leur nature et leur fin, le sont également quant aux droits qui découlent de leur commune origine; mais, comme ils diffèrent par leur intelligence, leurs mœurs et leur caractère, ils diffèrent également par leur con-

---

fait, dans la mesure où son ignorance, de la bonté ou de la malice de ses actes, de la Loi naturelle ou surnaturelle, est plus ou moins volontaire.

dition sociale, et cela au grand avantage de la Société ».

« Si l'on considère que tous les hommes sont de même race et de même nature, et qu'ils doivent tous atteindre une même fin dernière ; si l'on considère également les *droits* et les *devoirs* qui découlent de cette commune origine et de cette commune destinée, il est évident que, sous ces rapports, tous sont égaux.

(Ency. : Humanum genus).

Nécessité des distinctions sociales

« Mais, comme tous les hommes n'ont pas les mêmes ressources d'intelligence et qu'ils diffèrent les uns des autres, soit par les facultés de l'âme, soit par les énergies physiques ; comme, d'autre part, il existe entre eux mille distinctions de mœurs, de goûts, de caractère, rien ne répugnerait tant à la raison que de prétendre les ramener tous à une même mesure, et que d'introduire dans les institutions de la vie civile une égalité rigoureuse et mathématique ».

« De même, en effet, que la parfaite constitution du corps humain résulte de l'union et de l'assemblage des membres de ce corps ; membres qui n'ont chacun, ni les mêmes services à rendre, ni les mêmes forces, mais dont l'heureuse association et l'harmonieux concours donne à tout l'organisme humain sa beauté plastique, sa vigueur et son aptitude à accomplir toutes les fonctions vitales; ainsi, au sein de la société humaine, se trouve une variété presque infinie de parties dissemblables, lesquelles, si elles étaient toutes égales et libres d'agir à leur guise, chacune pour leur compte, feraient de la Société tout ce qu'il y a de plus difforme. Si, au contraire, chacune d'elles, par une sage hiérarchie de mérite, de goûts, d'aptitude, concourt au bien général, on voit dès lors apparaître l'image d'une Société sagement ordonnée et conforme à la Nature ».

(Ency.: HUMANUM GENUS. — QUOD APOSTOLICI MUNERIS).

Avantages des distinctions sociales

« Quelles que soient donc les vicissitudes par lesquelles les formes du gouvernement sont appelées à passer, toujours il y aura, entre les citoyens, ces inégalités de condition sans lesquelles une Société ne peut ni exister, ni être conçue : à tout prix il faut des hommes qui gouvernent et fassent des Lois, qui rendent la justice, qui, enfin, de conseil ou d'autorité, administrent les affaires de la paix et les choses de la guerre.

Que ces hommes doivent avoir la prééminence

dans toute société et y tenir le premier rang, personne n'en peut douter, puisqu'ils travaillent directement au bien commun et d'une manière si excellente.

(Ency.: RERUM NOVARUM).

§ III

Nature de la Fraternité humaine

« Mais, si les artisans et autres ne peuvent concourir au bien commun, ni par les mêmes voies, ni dans la même mesure, ils n'en sont pas moins, cependant, quoique d'une manière indirecte, grandement utiles aux intérêts de la Société : ne peut-on pas affirmer, en effet, sans crainte de se tromper, que c'est uniquement *du travail* que procède la richesse des Nations ? » — D'ailleurs, de même que nous avons une même origine dans l'ordre de la nature, nous avons une même origine de Foi et de Salut. »

« Aussi, Jésus-Christ, après avoir proclamé le premier l'égalité des droits (1), a-t-il proclamé en même temps la *fraternité* entre les hommes : et ses Apôtres à leur tour ont répondu à sa voix,

(1) « C'est grâce à l'action continuelle et progressive de la morale chrétienne, que l'égalité devant la justice et le droit a été solennellement proclamée. »

Cardinal. Capecelatro. Doct. Chrét. III, ch. VIII.

affirmant « qu'il n'y a plus ni Juif, ni Grec, ni barbare, ni Scythe, mais que tous sont frères dans le Christ » Et l'ascendant de l'Eglise sur ce point est si puissant et si réel que partout où Elle pénètre, on peut le constater, disparaît bientôt la grossièreté des mœurs, pour faire succéder la douceur à la brutalité, et la vérité aux ténèbres de la barbarie... »

(Ency. : RERUM NOVARUM, LIBERTAS.)

Devoirs résultant de la Fraternité humaine

« La Loi évangélique recommande, en effet, aux maîtres de reconnaître la dignité humaine dans leurs serviteurs, de les traiter convenablement, et non comme étant d'une nature différente de la leur; de les regarder même comme des égaux selon la religion qui doit les unir dans une commune servitude à l'égard de Celui qui est le Maître de tous. »

« Toutefois, elle ne laisse pas de recommander en même temps aux serviteurs de ne pas s'imaginer que cette fraternelle égalité doive annihiler ou amoindrir à leurs yeux le respect, l'honneur, la fidélité et tous les autres devoirs auxquels ils sont tenus envers leurs maîtres »

(Ency. : LIBERTAS. — IN PLURIMIS.)

DEUXIÈME SECTION

DROITS DE L'HOMME.

Déclaration. — Article ii. — Le but de toute association politique est la conservation des droits naturels et imprescriptibles de l'homme ; ces droits sont : la liberté, la propriété, la sûreté, la résistance à l'oppression.

(Présenté par M. Mounier : adopté le 20 août 1789, *Moniteur,* p. 183).

EXTRAITS DES LETTRES APOSTOLIQUES :

§ I.

Nature des droits de l'homme et but de la Société politique.

« Le droit est une faculté morale par laquelle
« l'homme, pour remplir ses devoirs, peut faire
« et exiger ce qui est juste ».
(Ency. : Libertas. — Sollicitudo).

« Quand diverses familles, *sans renoncer aux droits et aux devoirs de la Société domestique,* s'unissent entre elles, sous l'inspiration de la

Nature, pour se constituer membres d'une autre famille plus vaste appelée « Société civile », leur but n'est pas seulement de pourvoir à leur bien-être physique, mais surtout d'y puiser le bienfait de leur perfectionnement moral ; s'il en était autrement, la Société s'élèverait peu au-dessus d'une agrégation d'êtres sans raison, qui feraient consister toute leur existence dans la satisfaction d'intérêts sensuels : bien plus, sans ce désir de perfectionnement moral, il serait difficile de soutenir que la Société civile, loin de devenir pour l'homme, en tant qu'homme, un avantage, n'est pas plutôt, pour lui, une cause de détriment » (1).

(Ency. : SOLLICITUDO OMNIUM ECCLESIARUM).

§ II.

Origine et Imprescriptibilité des droits de l'homme

« Qu'on le veuille ou non, *les vrais droits de*

(1) La protection des droits de l'homme, la tranquillité de la paix sociale ne sont qu'une partie de la fin des Sociétés. — La loi humaine, dit S. Thomas, ne doit pas seulement écarter le mal, elle doit procurer le bien et aider au bien commun (1ª, 2ª, 9, 90, 92, 95).

Sans doute, la fin immédiate de la Société civile est la félicité temporelle qui consiste dans la paix, la faculté d'acquérir la richesse, la tranquille possession de la propriété ; mais tous ces avantages doivent être ramenés à une fin plus élevée et même surnaturelle, c'est-à-dire : les devoirs envers Dieu.

(CARD. SFONDRATUS. REG. SACERD. LIV. 1 § 17).

l'homme naissent de ce qu'il a des devoirs en-
vers Dieu » (1).

(Ency. : SOLLICITUDO).

« Et les droits de l'homme sont imprescriptibles:
— La Nature, en effet, n'a pas créé la Société
civile pour qu'elle fût *la fin dernière* de l'homme,
mais pour que celui ci, comme nous venons de le
dire, trouvât dans l'union avec ses semblables,
des secours qui le rendissent capable d'atteindre
sa perfection physique et morale; c'est pourquoi
personne ne peut impunément *violer la dignité*
de l'homme en entravant sa marche vers une
perfection dont la vie éternelle doit être la ré-
compense dans le ciel. »

« Bien plus, non seulement nul ne peut atten-
ter aux droits de l'homme, mais, même personnellement, celui-ci n'a pas le droit de déroger par
sa propre volonté à la dignité de sa nature, en
consentant à l'asservissement de son âme : il ne

(1) Le dogme catholique qui établit que l'homme n'est pas créé
pour la Société elle-même, ni pour les autres créatures, lesquelles,
au contraire, sont destinées à l'aider, *mais qu'il est créé pour
Dieu, sa fin suprême, fin qu'il doit atteindre en se perfection-
nant* est, en effet, le fondement très solide de la dignité humaine,
de la vraie liberté et *des droits* de chacun à la vie et aux secours
naturels ou surnaturels nécessaires pour atteindre cette fin.
Ce dogme ruine les pernicieuses théories *socialistes*, qui, détrui-
sant la personnalité individuelle, déclarent l'État omnipotent, et
ouvrent ainsi la voie à toutes les tyrannies.
(Cf. Dr. Bouquillon. — *Théol. mor. fund.* Liv. 1, n° 8).

s'agit pas, en effet, pour lui *de droits* dont il ait la libre disposition, mais de devoirs envers Dieu, devoirs qu'il faut religieusement remplir. »

« Ces vérités supérieures sont si clairement exprimées par la voix de la raison qu'elles s'imposent à tout homme que n'aveugle pas la violence de la passion ».

(Ency. : Sollicitudo. — Rerum novarum).

§ III.
Droit à la Liberté.

« *La Liberté*, nécessaire à l'homme pour qu'il puisse atteindre sa fin, est donc un droit imprescriptible...

« Toutefois, il est certain que l'homme doit rester dans une dépendance entière et réelle à l'égard de Dieu et, par conséquent, il est absolument impossible de comprendre la *vraie liberté* humaine sans tenir compte de la soumission qu'il doit à Dieu et de l'assujettissement auquel il est tenu vis-à-vis de Lui : nier cette souveraineté ou refuser de s'y soumettre n'est pas la Liberté, c'est l'abus de la liberté ou la révolte ; et c'est précisément en cette révolte, dont on peut distinguer bien des espèces, que consiste le *Libéralisme* » (1).

(Ency. : Libertas).

(1) Le Libéralisme (voir Sauvé, ch. II), qui consiste dans la

Nature du vrai droit à la Liberté.

« Mais, si en affirmant que la Liberté est *un droit*, on entend que l'homme a le droit de suivre, d'après la conscience de son devoir, la volonté de Dieu et d'accomplir ses préceptes, sans que nul puisse l'en empêcher : Cette Liberté, la vraie liberté, la liberté digne des enfants de Dieu, qui protège si glorieusement la dignité de la personne humaine, est au-dessus de toute violence et de toute oppression : elle a toujours été l'objet des vœux de l'Eglise et de sa particulière affection. »

« C'est cette Liberté que les apôtres ont revendiquée avec tant de constance ; que les Apologistes ont défendue dans leurs écrits ; qu'une foule innombrable de martyrs ont consacrée de leur sang ; et ils ont eu raison, car la grande et très juste puissance de Dieu sur les hommes comme, d'autre part, le grand et suprême devoir des hom-

négation plus ou moins accentuée de la dépendance de l'homme envers Dieu, ou envers ceux qui participent à son autorité souveraine, peut, en effet, se distinguer en libéralisme athée, catholique, social, domestique, selon qu'il nie, ou bien les droits de Dieu, ou bien les droits de ceux qui représentent Dieu : comme l'Eglise, l'Etat, la famille, etc ..

Toutefois, il importe de remarquer, pour éviter toute équivoque, que dans le langage usuel français le mot « libéral » ne désigne pas toujours l'adepte du Libéralisme ou le révolté : C'est ainsi que pour signifier qu'il voulait toujours rester tolérant et respectueux du droit d'autrui, Lacordaire a cru pouvoir dire, qu'il mourrait « en catholique pénitent et en libéral impénitent ».

mes envers Dieu, trouvent l'une et l'autre, dans cette Liberté chrétienne, un éclatant témoignage. »
(Voir la conclusion de cette étude).

(Ency. : LIBERTAS).

§ IV.

Droit de Propriété.

« *La Propriété*, privée et personnelle, est pour l'homme un droit naturel. »

« L'homme embrasse, par son intelligence, une infinité d'objets et, aux choses présentes, prévoit et rattache les choses futures.... il est également le maître de ses actes : aussi, sous la direction de la Loi éternelle et sous le gouvernement universel de la Providence divine, il est en quelque sorte à lui-même, sa Loi et sa Providence » .

(Ency. : RERUM NOVARUM).

Le droit de Propriété est un droit naturel.

« Il a en conséquence le droit de choisir les choses qu'il estime les plus convenables, non-seulement pour pourvoir au présent, mais encore à l'avenir; il s'en suit qu'il doit avoir sous sa domination, non seulement les produits de la terre, mais encore la terre elle-même, qu'il voit appelée à être, par sa fécondité, sa pourvoyeuse pour les temps futurs : Les nécessités de l'homme, en effet, se renouvellent sans cesse; satisfaites un jour, elles renaissent, aussi exigeantes, le lendemain. »

« Il a donc fallu, pour qu'il pût en tout temps y faire face, que la nature mit à sa disposition un élément stable et permanent, capable de lui fournir perpétuellement ce qui lui est nécessaire. Or, cet élément ne pouvait être que la terre avec ses ressources toujours fécondes... »

« Il ressort de tout ceci que la propriété privée est pleinement conforme à la nature. Sans doute, la terre fournit à l'homme, avec abondance, les choses nécessaires à la conservation de sa vie, et, plus encore, à son perfectionnement : mais elle ne le pourrait d'elle-même, sans la culture et les soins de l'homme. Or, celui-ci, que fait-il en consumant les ressources de son esprit et les forces de son corps, pour se procurer les biens de la nature ? il s'applique, pour ainsi dire, à lui-même, une portion de la nature matérielle qu'il cultive, en y laissant une certaine empreinte de sa personne; au point qu'en toute justice, cette part sera possédée dorénavant comme sienne, et qu'il ne sera permis à personne de violer son droit de propriété, de n'importe qu'elle manière. »

« Et qu'on ne dise pas que Dieu a voulu donner

la jouissance de la terre au genre humain, de telle sorte que les hommes dussent en avoir confusément le domaine : non, en n'assignant aucune part de la terre à qui que ce soit, Dieu a voulu seulement laisser à l'industrie humaine et aux institutions des peuples, la faculté de délimiter les propriétés privées (1).

(Ency. : RERUM NOVARUM).

(1) Voici les raisons par lesquelles saint Thomas prouve que la Nature a voulu que les biens terrestres et la terre elle-même, fussent partagés en propriétés privées. (2a. 2ae q. LXVI. art. 2).

1 · Dans l'état où la Nature nous présente les biens terrestres, ils ne sont pas susceptibles de satisfaire à nos besoins : ils doivent pour cela être préparés à la jouissance, c'est-à-dire travaillés, gérés, administrés... Or, quand il s'agit de leur bonne exploitation, gestion et administration, il est assurément préférable que ces biens soient dévolus à des particuliers... le particulier, en effet, administre bien mieux ce qui lui appartient en propre, que ce qu'il possède en commun avec beaucoup d'autres : par sa nature, chacun est porté à laisser la plus grande part possible de travail à ceux qui collaborent avec lui, surtout si les avantages qu'il veut obtenir doivent être également partagés entre tous. La vérité de ce fait pourrait facilement être constatée dans une maison dont les serviteurs seraient abandonnés à leur initiative. .

Il faut en conclure que, si on abolissait le droit d'héritage, et celui à la propriété privée, pour administrer tous les biens en commun, afin d'en partager les fruits chaque année, ou plus souvent, entre les membres de la Société, toute bonne administration cesserait d'exister ; chacun compterait sur le travail d'autrui ; ce qui aboutirait inévitablement à une diminution très grande des ressources que la terre est appelée à fournir à l'humanité.

2 · D'autre part, si chacun devait veiller à tout, il s'en suivrait une confusion inimaginable !... pour satisfaire aux besoins que Dieu a donnés à la nature humaine, il faut, en effet, une organisation générale bien combinée ; or, si chaque citoyen n'est pas à sa place et à une place déterminée selon ses aptitudes, le bien-être de l'humanité sera compromis ; et il en serait ainsi si le patrimoine n'existait plus : n'est-ce pas lui, en effet, qui détermine le plus souvent la vocation des membres de chaque famille ? n'est-ce pas lui aussi qui em-

« Qu'on ne dise pas non plus que l'État doit être la Providence de chacun : l'État n'est-il pas postérieur à l'homme; et, avant qu'aucun gouvernement fut établi, l'homme n'avait-il pas reçu de la Nature le droit de vivre et de protéger son existence? »

« Quoique divisée en propriétés privées, la terre, en effet, ne laisse pas de servir à l'utilité de tous. Il n'est personne, parmi les mortels, qui ne se nourrisse du produit des champs; celui qui en manque y supplée par le travail: on peut donc affirmer, en toute vérité, que le travail est le moyen universel de pourvoir aux besoins de la vie; soit qu'on l'exerce dans son fonds propre, soit qu'on l'exerce dans quelqu'art lucratif, dont la

pêche les fluctuations soudaines de se produire; le passage brusque d'une grande masse d'hommes, d'un travail ou d'un genre de vie à un autre? Quelle confusion, en conséquence, si des partages continuels brisaient sans cesse ce lien puissant de l'ordre social!

3· Enfin, seul le droit de propriété privée peut maintenir la paix parmi les hommes; car l'expérience montre combien facilement la communauté de la propriété conduirait aux contestations et aux querelles. Si déjà des frères ne peuvent s'entendre quand il s'agit de partager l'héritage paternel, si les habitants d'une maison ne sont pas d'accord pour jouir de l'air d'une même cour ou de l'eau d'une même fontaine, qu'en serait-il de l'humanité, si toute propriété et tout produit du travail devait être chaque jour partagé à nouveau ?...

Il est évident d'ailleurs que, par sa Providence générale, Dieu a contribué à ce que le droit de propriété privée fut établi et à ce que cet ordre de choses, si conforme à la nature, fut toujours conservé.

Conf. Serm. de Ketteler, év. de Mayence,
trad. par Decurtins.

rémunération ne se tire que des produits multiples
de la terre, contre lesquels on peut l'échanger... »

(Ency. : RERUM NOVARUM).

Le droit de Propriété est inviolable.

C'est pourquoi, quand l'homme, par son travail, s'est appliqué à lui-même une portion de la
nature matérielle, le bien qu'il a acquis devient sa
propriété inviolable; et ce *droit* n'émane pas des
Lois humaines, mais de la Nature; l'autorité
publique ne saurait par conséquent l'abolir; bien
plus, l'un des buts pour lesquels cette autorité
existe, est de permettre aux hommes de vivre dans
la paix et dans la tranquille possession des biens
corporels, dont l'usage, dit saint Thomas, est
nécessaire à la pratique de la vertu. »

(Ency.: RERUM NOVARUM).

§ V.

Droit à la sécurité et de résistance à l'oppression.

« Enfin, il importe au salut public et privé que
l'ordre et la paix règnent partout... Il faut pour
cela que tout obéisse aux Lois de Dieu et aux pres-
criptions de la Nature. Que les droits de la famille
et de la religion soient en honneur; que les mœurs
publiques et privées soient intègres; que la jus-

tice soit religieusement respectée, et que jamais une classe de citoyens ne puisse opprimer l'autre impunément; que des générations robustes s'élèvent, capables de devenir le soutien et, s'il le fallait, le rempart de la patrie!... »

« En conséquence, s'il arrivait que des ouvriers, abandonnant leur travail ou le suspendant par des grèves, en vinssent à troubler l'ordre public; s'il arrivait que les liens naturels de la famille se relâchassent chez les prolétaires; s'il arrivait qu'on foulât aux pieds la religion des travailleurs, en les mettant dans l'impossibilité de remplir leurs devoirs envers Dieu ; s'il arrivait que la promiscuité des sexes, ou d'autres excitations malsaines, constituassent dans les usines un péril pour la moralité; s'il arrivait que les patrons écrasassent leurs ouvriers sous le poids de fardeaux iniques, ou qu'ils déshonorassent en eux la personnalité humaine, par des conditions indignes et dégradantes; s'il arrivait que les maîtres attentassent à la santé de ceux qu'ils emploient, en les obligeant à un travail excessif et hors de proportion avec leur âge et leur sexe; il faudrait absolument user, dans certaines limites, de la force et de l'autorité des lois; car les *droits*, partout où ils se trouvent, doivent être religieusement respectés, et l'État doit les assurer à tous les citoyens, en vengeant ou en prévenant leur violation ».

(Ency. : Rerum novarum).

« Mais, s'il est permis à un peuple de défendre ses droits, il doit, lorsqu'il les défend, faire toujours passer ce qui est honnête avant ce qui lui semble utile : or, ni la justice, ni l'honnêteté ne résident dans la violence : qu'il se rappelle donc que *la première des libertés consiste à être innocent de tout crime*, et que les chrétiens doivent entourer d'un saint respect la notion du Pouvoir, dans lequel, même lorsqu'il réside dans un mandataire indigne, ils doivent voir (comme nous le dirons bientôt) un reflet et une image de la Majesté divine. »

(Ency. : Benevolentiæ caritas. — Sapientiæ
christianæ.)

« C'est pourquoi, s'il arrive au Pouvoir de dépasser les limites de sa puissance, la doctrine catholique interdit de s'insurger de soi-même contre lui, de peur que la tranquillité de l'ordre ne soit troublée de plus en plus, et que la Société n'en reçoive un plus grand dommage... Et le Pouvoir tombât-il même dans des excès tels, qu'on en fut réduit à perdre toute espérance de salut, la patience chrétienne devrait apprendre alors à chercher le remède dans le mérite et dans d'instantes prières auprès de Dieu. »

(Ency. : Quod Apostolici muneris).

« Si les choses cependant en arrivaient à ce point, qu'on fût dans cette alternative d'être obligé de méconnaître les ordres divins pour rester soumis à la puissance humaine, ce serait alors le cas de dire, avec la très noble dignité et la sainte liberté des Apôtres : « Il faut obéir à Dieu plutôt qu'aux hommes ». Par cette doctrine, les voies de la tyrannie se trouvent fermées; le Pouvoir ne peut plus rapporter tout à lui; les *droits* de chaque citoyen et ceux de la Société sont sauvegardés; tous enfin participent à la vraie Liberté qui consiste, ainsi que nous l'avons démontré, en ce que chacun peut vivre selon les Lois et selon la droite Raison. »

(Ency. : Libertas)

ORIGINE DU POUVOIR

Déclaration. — ARTICLE III. — Le principe de toute Souveraineté réside essentiellement dans la nation; nul corps, nul individu, ne peut exercer d'autorité qui n'en émane expressément.

(Présenté par M. Mounier : adopté le 20 août 1789. *Moniteur*, p. 183.)

EXTRAITS DES LETTRES APOSTOLIQUES :

§ I.

La Nation peut désigner les dépositaires du Pouvoir : elle ne confère pas le Pouvoir, car il a Dieu pour auteur.

« S'il s'agit seulement de *désigner* ceux qui doivent gouverner la république, cette désignation peut assurément, dans certains cas, être laissée au choix et aux préférences de la Nation, sans que l'Eglise y mette le moindre obstacle : ce choix, en effet, détermine la personnalité de celui qui exercera le Pouvoir; il ne confère pas le « *droit* » à la Souveraineté. Ce n'est pas l'autorité que la Majorité constitue ; la Nation désigne seulement celui par lequel cette autorité devra être exercée.

« Mais la doctrine catholique veut qu'on cherche en Dieu seul la source du Pouvoir de l'État : la chercher en l'homme, serait refuser à la Souveraineté politique la mesure de force, de dignité et de stabilité que réclament, et la sûreté publique, et les intérêts des citoyens. »

(Ency. : DIUTURNUM).

« La raison elle-même d'ailleurs, démontre que le Pouvoir vient de Dieu. Ce qui réunit les hommes pour les faire vivre en Société, c'est la Loi de Nature ou, plus exactement, la volonté de Dieu, auteur de la Nature : comme le prouvent avec évidence, et le don de langage, fondement des relations qui forment les Sociétés ; et les nombreux désirs, que l'homme, s'il restait isolé, ne pourrait satisfaire, pour se procurer ce qui est nécessaire et utile à sa vie, ainsi qu'à son perfectionnement physique et moral... »

« Or, *nulle Société ne peut exister sans un Pouvoir suprême* qui la gouverne, et qui imprime à chacun des membres qui la composent, une impulsion, efficace vers un but commun ».

« C'est pourquoi, on peut affirmer que le Pouvoir, étant absolument nécessaire, procède, lui aussi, de la Nature et que, par conséquent, comme la Société, il a Dieu pour auteur »...

(Ency. : IMMORTALE DEI).

« Cependant, ceux qui font sortir la Société civile d'un libre contrat sont obligés d'assigner au Pouvoir la même origine : ils disent donc que chaque particulier a cédé de son droit, et que tous se sont volontairement placés sous la puissance de celui en qui se sont trouvés réunis tous les droits individuels (1). — L'erreur de ces philosophes est considérable : elle consiste en ce qu'ils ne voient pas ce qui est évident; à savoir : que les hommes ne constituent pas une race sauvage et solitaire... leur condition naturelle est de vivre en Société, et cette condition existait même avant que leur volonté eût pris aucune résolution. — Il faut ajouter à cela que le prétendu pacte dont se prévalent les partisans du système dont nous parlons, n'a jamais existé que dans leur imagination, et n'est qu'une pure invention.... Et d'ailleurs, ce pacte fût-il réel, jamais il

______

(1) Hobbes. — J.-J. Rousseau.

n'eût pu donner, à la Souveraineté politique, la mesure de force, de dignité et de stabilité que réclament, et la sécurité de l'Etat, et le bien public. »

« Le Pouvoir, en effet, n'aura ce prestige et cette solidité, qui lui sont nécessaires, que si Dieu apparaît comme la source auguste et sacrée dont il émane. »

(Ency. : DIUTURNUM.)

§ II.

La Nation peut établir l'ordre politique.

« Mais, de ce que tout pouvoir vient de Dieu, il ne s'ensuit pas cependant que la désignation divine doive toujours et immédiatement affecter, ni les personnes qui doivent l'exercer, ni les modes de sa transmission, ni les formes contingentes qu'il peut revêtir.

« La diversité même de ces modes, dans les diverses nations, montre, jusqu'à l'évidence, le caractère humain de leur origine. »

(LETTRE AUX CARDINAUX FRANÇAIS.)

L'ordre politique et tout ce qui constitue l'action de la vie publique procède, du fait des hommes et périt, par conséquent, si les hommes cessent de l'établir. Or, les hommes ont coutume de former

l'État à l'image de leurs opinions et de leurs
mœurs : on peut donc dire que l'État sera ce
que le font les mœurs des peuples.

(Ency. : Sollicitudo).

Le mode de transmission du Pouvoir peut varier.

« Le temps, ce grand transformateur de toutes
choses ici-bas, opère souvent de profonds change-
ments dans les institutions politiques des Sociétés
humaines : parfois, il se borne à modifier quelque
chose à la forme des gouvernements établis ;
d'autres fois, il va jusqu'à substituer aux formes
primitives, d'autres formes totalement différentes,
sans en excepter le mode de transmission du Pouvoir souverain. »

« Comment arrivent à se produire ces change-
ments politiques ?... ils succèdent souvent à des
crises violentes et même quelquefois sanglantes,
au milieu desquelles les gouvernements préexis-
tants disparaissent tout à fait... alors l'anarchie
domine.... bientôt l'ordre public est bouleversé
dans ses fondements... C'est pourquoi une *nécessité sociale* s'impose à la Nation... elle doit sans
retard se pourvoir à elle-même.... Comment n'au-
rait-elle pas le droit, et plus encore le devoir, de
se défendre et de rétablir la paix publique ?

(Ency. : Sollicitudo.)

La Nation peut établir de nouveaux gouvernements.

« Cette nécessité sociale justifie la création de nouveaux gouvernements, quelque forme qu'ils prennent, puisque, dans l'hypothèse où nous raisonnons, ces nouveaux gouvernements sont nécessairement requis par l'ordre public : tout ordre public étant impossible sans un gouvernement. » (Ency. : Quod auctoritate apostolica. — Sollicitudo).

§ III.

La Nation peut déterminer la forme du pouvoir.

« Lorsque les nouveaux gouvernements, qui représentent à leur tour l'immuable Pouvoir de Dieu, sont constitués, les accepter n'est pas seulement permis, mais imposé, par la nécessité du bien social, qui les a faits et qui les maintient. — Ne peut-on pas affirmer d'ailleurs, en toute vérité, que les diverses formes politiques de gouvernement, pourvu qu'elles marchent vers leur fin, qui est le bien commun, pour lequel l'autorité sociale est constituée, sont toutes bonnes ? »

« Sans doute, à un point de vue relatif, telle ou telle forme de gouvernement peut être préférable, comme s'adaptant mieux au caractère ou aux mœurs d'une nation, prise en particulier : aussi, dans cet ordre d'idées tout spéculatif, chacun a-t-il pleine liberté d'avoir ses préférences personnelles ; mais, pourvu que le gouvernement, quel qu'il soit, soit juste et appliqué au bien public, on doit affirmer que la Souveraineté n'est liée, en soi, à aucune forme politique, et rien n'empêche que l'Eglise n'approuve un gouvernement démocratique, aussi bien qu'un gouvernement monarchique. — Réserve faite des droits acquis, il n'est donc pas interdit aux peuples de donner à leur gouvernement la forme politique qui s'adapte le mieux à leur génie propre, à leurs traditions ou à leurs coutumes. »

(Ency. : IMMORTALE DEI. — DIUTURNUM).

QUATRIÈME SECTION

EXERCICE DES DROITS DE L'HOMME

Déclaration. — ARTICLE IV. — La Liberté consiste à faire tout ce qui ne nuit pas à autrui : ainsi l'exercice des droits naturels de chaque homme n'a de bornes que celles qui assurent aux autres membres de la Société la jouissance de ces mêmes droits.

(Présenté par M. de La reth : adopté le 20 août 1789. *Moniteur,* p. 1841.

EXTRAITS DES LETTRES APOSTOLIQUES

§ I.

Exercice du droit à la Liberté.

« La Liberté, en tant qu'elle est un élément aidant l'homme à se perfectionner, doit s'appliquer uniquement à ce qui est *vrai,* et à ce qui est *bon*; car, nous l'avons vu, *l'essence* du bien et de la vérité est immuable, comme la nature même des choses; elle ne peut donc varier selon le caprice du premier venu... »

(ENCY. : IMMORTALE DEI).

§ II.

Exercice du droit de Propriété.

« La Propriété, nous l'avons dit également, est pour l'homme un droit naturel : l'exercice de ce droit (1) est donc non seulement permis, mais encore absolument nécessaire, surtout pour quiconque vit en Société.... Mais, si on se demande en quoi il faut faire consister *l'usage des biens,* l'Eglise répond sans hésitation : « l'homme ne doit pas regarder les choses extérieures comme lui étant propres, mais bien, *quand il s'agit de s'en servir,* comme communes à tous... afin d'apprendre à les partager facilement avec les autres, quand ils sont dans la nécessité ». — « Ordonne aux riches de ce siècle, dit l'Apôtre, de donner facilement et de communiquer leurs richesses. »

« Sans doute, nul n'est tenu de soulager le prochain en prenant sur son nécessaire, ou sur celui de sa famille ; ni même de retrancher de ce que sa situation personnelle et la bienséance lui imposent. — « Nul ne doit vivre contrairement aux convenances ». — Mais, dès qu'il a accordé ce qui leur suffit à ses nécessités particulières et au

____

(1) Quant à la gestion, l'exploitation et l'administration de la propriété privée (voir page 35, note n° 1.)

decorum, chacun est tenu de donner aux indigents une part de son superflu (Luc. XI, 41). Sans doute, ce qui nous oblige à agir ainsi, n'est pas (sauf le cas d'extrême nécessité) *un devoir de stricte justice*; — on ne pourrait par conséquent en exiger l'accomplissement au nom de la Loi humaine; — mais, c'est *un devoir de Charité chrétienne*; car au-dessus du jugement des hommes et de ses Lois, il y a la Loi et le jugement de Jésus-Christ notre Dieu, qui, de toutes manières, nous persuade de faire l'aumône : « Celui qui donne, dit-il, est plus heureux que celui qui reçoit ». — « Le Seigneur tiendra pour « faite ou refusée à Lui-même l'aumône que vous aurez faite ou refusée aux pauvres ». — « Ce que vous faites au moindre des miens, je le regarderai comme fait à moi-même. »

« Quiconque a donc reçu de la bonté divine une grande abondance, soit des biens extérieurs, soit des biens de l'âme, doit les faire servir à son propre perfectionnement, et aussi, comme ministre de la Providence, au soulagement des autres. »

(Ency. : RERUM NOVARUM).

§ III.

Exercice du droit à la Sécurité et du droit de Résistance.

La sécurité et la résistance à l'oppression, sont aussi des droits naturels : mais, on ne devra se servir de la force publique et de l'autorité des Lois, pour les sauvegarder, que dans la mesure où cela sera nécessaire, pour réprimer les abus et écarter les dangers. »

(Ency. : RERUM NOVARUM).

« Pour sauvegarder ses droits, il ne sera permis également de se servir que de moyens légitimes : or, la raison et la justice défendent aux peuples et aux individus, de renverser l'ordre établi par la Providence; c'est pourquoi, ils doivent toujours se rappeler que le recours à la force, à la sédition et à la violence, ne sont que des moyens insensés, qui, la plupart du temps, ne font qu'aggraver les maux qu'on voudrait guérir.

(Ency. : QUANQUAM PLURIES).

CINQUIÈME SECTION

EXERCICE DU POUVOIR

Déclaration. — Article v. — La Loi n'a le droit de défendre que les actions nuisibles à la Société : tout ce qui n'est pas défendu par la Loi ne peut être empêché ; et nul ne peut être contraint à faire ce qu'elle n'ordonne pas.

(Présenté par M. de Lameth : adopté le 21 août 1789. *Moniteur*, p.184).

EXTRAITS DES LETTRES APOSTOLIQUES

§ I.

Nature de la Loi.

« La Loi est un commandement de la droite raison, porté par la puissance légitime, en vue du bien public ».

(Ency. : Sapientiæ Christianæ.)

« La première de toutes les Lois, comme nous l'avons dit précédemment, est la *Loi naturelle*, qui est écrite dans le cœur de chaque homme par l'auteur de la Nature. Elle est la Raison même de l'homme, mais considérée sous ce rapport, qu'elle lui prescrit de faire le bien et d'éviter le mal : c'est cette ordonnance de la Raison qu'on appelle « Loi ».

(Ency. : LIBERTAS.)

Le Pouvoir peut établir des Lois humaines.

« La Nature cependant, ne se prononce, sur certains points, que d'une manière vague et générale : la Loi humaine a pour but de préciser ces points ; ainsi, par exemple, la Nature òrdonne aux citoyens de contribuer, chacun pour leur part, à la tranquillité et à la prospérité publique. — Mais sur quels objets ?... dans quelles conditions ?...dans quelle mesure doivent-ils le faire?... C'est ce que doit établir la sagesse des hommes(1).

« Ce sont ces règles de conduite, créés par une raison prudente, et intimées par un Pouvoir légitime, que l'on appelle « Lois humaines » : ayant pour objectif la fin propre de la Société civile, ces Lois ordonnent à tous les citoyens de con-

---

(1) Comme le droit de toute Société est d'exiger, de ses membres, ce qui lui est nécessaire pour atteindre sa fin ; sans quelle puisse toutefois exiger rien au-delà de ce qui lui est nécessaire, le Pouvoir social a la faculté de faire de véritables Lois, ainsi que la double puissance qui découle de cette faculté, celle de juger et de punir. (Tongiorgi. *Just nat.* ch. II.)

courir à cette fin et leur défendent de s'en écarter ».

(Ency. : Libertas.)

La Loi humaine, en tant qu'elle dérive de la Loi naturelle, a Dieu pour auteur.

« Cependant, en tant que la Loi humaine a pour objet de prescrire ou de défendre ce qui est naturellement bon ou mauvais, elle ne tire aucunement son origine de la Société des hommes. — Celle-ci, en effet, ne peut faire que le bien soit en harmonie, ou que le mal soit en désaccord, avec la Nature qu'elle n'a pas créée. — Les Lois, prescrivant ou défendant, ce qui est de droit naturel, ont donc Dieu pour auteur : toute la force de ces Lois réside, en effet, en ce qu'on doit les regarder comme une dérivation de la Loi naturelle. — « Je pense que vous voyez bien, dit S. Augustin, que, dans la Loi humaine, il n'y a rien de juste et de légitime, que les hommes ne soient allés chercher dans la Loi naturelle ». — La Liberté, pour ceux qui gouvernent, ne consiste donc pas à pouvoir commander au hasard ce qui leur plaît ; s'ils agissaient ainsi, ce serait, pour l'État, un désordre très grave et très préjudiciable. »

(Ency. : Libertas.)

§ II.

Le Pouvoir doit tenir compte des Lois divines.

« Cependant, si le Libéralisme accorde que les Lois divines peuvent régler la vie de ceux qui les acceptent, selon lui, l'État n'a pas à en tenir compte, et n'a pas, dans les affaires publiques, à s'occuper des ordres de Dieu ».

« Ce principe est absolument contraire à la raison, et conduit à l'idée de la séparation de l'Église et de l'État. »

« 1· La Nature ne crie-t-elle pas que la Société doit procurer aux citoyens toutes les facilités nécessaires pour qu'ils puissent passer leur vie dans l'honnêteté, c'est-à-dire selon les Lois de Dieu, puisque Dieu est le principe de toute honnêteté et de toute justice ? il répugnerait donc que l'État pût se désintéresser de ces Lois, ou agir contre elles, en quoi que ce soit. »

« 2· Ceux qui gouvernent les peuples ne doivent-ils pas procurer à la république, par la sagesse de leurs Lois, non seulement les avantages des biens extérieurs, mais encore, et surtout, les avantages des biens de l'âme ? Or, pour accroître ces biens moraux, que saurait-on imaginer de plus efficace que les Lois dont Dieu est l'auteur ?... »

« 3· Enfin, dans les Lois divines, n'entend-on pas la voix de Dieu lui-même, qui, pour empêcher l'intelligence et la volonté de l'homme de s'égarer, les conduit et les dirige, l'une et l'autre, avec la plus grande bonté ? » (1).

« Qu'on laisse donc saintement et inviolablement unies les Lois humaines et les Lois divines ; — elles ne peuvent ni ne doivent être séparées ».

(Ency. : LIBERTAS).

(1) Les Libéraux pourraient considérer ces principes comme erronés, s'ils avaient démontré qu'une contradiction quelconque existât entre la Loi naturelle et la Loi divine ; mais jusqu'ici ils ne l'ont pas fait.

SIXIÈME SECTION

ÉGALITÉ DEVANT LA LOI.

Déclaration. — Article vi. — La Loi est l'expression de la volonté générale : tous les citoyens ont droit de concourir personnellement, ou par leurs représentants, à sa formation. La Loi doit être la même pour tous, soit qu'elle protège, soit qu'elle punisse ; tous les citoyens étant égaux à ses yeux, sont également admissibles à toutes les dignités, places et emplois publics, selon leurs capacités, et sans autre distinction que celle de leurs vertus et de leurs talents.

(Présenté par l'évêque d'Autun, adopté le 21 août 1789. *Moniteur*, p. 184).

EXTRAITS DES LETTRES APOSTOLIQUES

§ I.

La Nation peut désigner les Législateurs.

« Il est permis de préférer, pour l'État, une constitution tempérée par l'élément démocratique ; bien plus, en certains temps, et sous certaines constitutions, cela peut devenir, non seulement un avantage, mais encore un devoir pour les citoyens. L'Église ne réprouve donc nullement, en soi, que le Peuple lui-même, ait une part plus ou moins grande au gouvernement »...

(Ency. : IMMORTALE DEI.)

« Mais, en tout état des choses, les Lois seront bonnes ou mauvaises, selon que les législateurs auront l'esprit plus ou moins imbu de bons ou de mauvais principes, et dans la mesure où ils se laisseront diriger, soit par la prudence politique, soit par la passion. »

(Ency. : SOLLICITUDO.)

Importance du choix des Législateurs.

« Aussi, le choix des hommes appelés à siéger à l'Assemblée législative est-il de la plus haute importance : c'est pourquoi les catholiques en particulier doivent s'efforcer, tout en observant les Lois de l'État, de désigner, par leurs suffrages communs, des représentants, unissant au souci des affaires, un zèle éclairé pour la religion.

« Si, en effet, dans les affaires publiques, on sépare le pouvoir de commander du principe vrai et naturel auquel ce pouvoir emprunte toute sa puissance, pour procurer le bien commun, la Loi, qui détermine ce qu'il faut faire et éviter, est abandonnée au caprice de la multitude la plus considérable ; dès lors, la voie qui conduit à la domination tyrannique, est ouverte : armée de l'idée de commander, la multitude se laisse aller facilement à la sédition et au trouble ; le frein du devoir et de la conscience n'existant plus pour elle, il ne reste que la force pour la dominer : la force, qui est si faible à elle seule, pour contenir les passions populaires !... Nous en avons la preuve dans ces luttes presque quotidiennes engagées contre le Socialisme et les autres sectes séditieuses, qui travaillent à bouleverser l'État jusque dans ses fondements.

Qu'on juge donc en se prononçant, pour peu qu'on ait le juste sens des choses, de telles doctrines profitent-elles à la vraie Liberté ? à la Liberté digne de l'homme ? N'en sont-elles pas, au contraire, le renversement et l'abolition complète » ?

(Ency. : LIBERTAS.)

§ II.

Egalité devant la Loi.

« L'autorité doit s'exercer pour l'avantage de tous les citoyens ; ceux qui en sont revêtus ne la possèdent que pour le bien public : sous aucun prétexte, le Pouvoir ne doit donc servir aux intérêts d'un seul ou de quelques-uns; puisqu'il est constitué pour le bien commun ».

« La Société existe pour tous ses membres, qu'ils soient riches ou pauvres : de par la Nature, les prolétaires sont citoyens au même titre que ceux qui possèdent la fortune; par l'intermédiaire des familles, auxquelles ils appartiennent, ils font vraiment partie du corps vivant de la Nation; on peut même ajouter, qu'en toute cité, ils forment la majorité. »

« Or, comme il serait déraisonnable de pourvoir à une classe de citoyens, et d'en négliger une autre, il est évident que l'autorité publique doit prendre toutes les mesures nécessaires, pour sauvegarder la classe des prolétaires : si elle ne le faisait pas, elle violerait la stricte justice, qui veut qu'on rende à chacun ce qui lui est dû. »

« C'est pourquoi, parmi les graves et nombreux devoirs des gouvernants, qui veulent pourvoir au bien public comme ils doivent le faire, le premier de tous consiste à avoir également soin de toutes les classes de citoyens, en observant rigoureusement les Lois de la justice distributive. »

(Ency. : IMMORTALE DEI. — RERUM NOVARUM).

SEPTIÈME, HUITIÈME, NEUVIÈME SECTIONS

RESPECT DU A LA LOI

Déclaration. — ARTICLE VII. — Nul homme ne peut être accusé, arrêté ou détenu, que dans les cas déterminés par la Loi, et selon les formes qu'elle a prescrites : ceux qui sollicitent, expédient, exécutent ou font exécuter des ordres arbitraires, doivent être punis ; mais tout citoyen appelé ou saisi en vertu de la Loi doit obéir à l'instant ; il se rend coupable par la résistance.

Déclaration. — ARTICLE VIII. — La Loi ne doit admettre que des peines strictement et évidemment nécessaires ; et nul ne peut être puni qu'en vertu d'une Loi établie et promulguée antérieurement au délit, et légalement appliquée.

Déclaration. — ARTICLE IX. — Tout homme étant présumé innocent jusqu'à ce qu'il ait été déclaré coupable, s'il est déclaré coupable, il est jugé indispensable de l'arrêter ; toute rigueur qui ne serait pas nécessaire pour s'assurer de sa personne, doit être sévèrement réprimée par la Loi.

(Articles présentés par M. Target, adoptés le 22 août 1789.
Moniteur, p. 186).

EXTRAITS DES LETTRES APOSTOLIQUES.

§ I.

Nature du respect dû à la Loi humaine.

« Le respect et l'obéissance dûs au Pouvoir,
ainsi qu'aux Lois justes qu'il édicte, est un devoir
des plus réels : n'est-ce pas l'autorité vigilante
des Lois qui préserve les citoyens des entreprises
criminelles des méchants ?... Or, le Pouvoir légitime vient de Dieu... Qui lui résiste, résiste donc
à l'ordre établi par Dieu..... C'est ainsi que
l'obéissance acquiert une merveilleuse noblesse ;
elle ne s'incline en effet que devant la plus juste
et la plus respectable des Autorités ».

« Cependant, le Rationalisme et le Libéralisme
prétendent que la raison humaine ne relève que
d'elle-même ; que, seule, elle est la source, le
principe suprême et le juge de toute vérité... il
s'en suit que ceux qui adhèrent à ces doctrines
refusent l'obéissance due à la Raison divine...
Selon eux, il n'y a, dans la pratique de la vie,
aucune puissance divine à laquelle l'homme soit
tenu d'obéir : chacun est à soi-même sa propre
Loi ; c'est de cette doctrine que procède la « morale » qu'on appelle « indépendante » et qui sous

l'apparence de la liberté, détourne la volonté humaine de l'observation des préceptes divins, et la conduit dans les voies d'une licence illimitée ».

« Une fois cette conviction fixée dans l'esprit, que personne n'a d'autorité sur l'homme, il en résulte cette première conséquence : que la cause efficiente de la Société civile doit être cherchée, non pas dans un principe extérieur et supérieur à l'homme, mais, au contraire, dans la libre volonté de l'homme; d'où il résulte que la Puissance publique émane de la multitude comme de sa source première ; il peut en être déduit une seconde conséquence : c'est que la raison individuelle est pour l'individu, la *seule Loi* devant régler sa vie... et que la raison collective doit être, pour la Société, *la seule Loi* dirigeant les affaires publiques : la puissance appartient au nombre : la majorité crée seule le *droit* et le *devoir*... Ce que nous avons déjà dit, montre tout ce que ces théories ont de contraire à la raison ».

Ency. : (LIBERTAS.)

« En quelques mains que l'autorité réside, celui qui en est investi est le Ministre de Dieu, et par conséquent, dans la mesure où l'exigent la fin et la nature de la Société, il faut lui obéir, s'il com-

mande des choses qui ne sont pas iniques, comme
à Dieu lui-même, qui gouverne tout : rien ne
serait plus contraire à la vérité, que de soutenir
qu'il dépend de la volonté du peuple, de refuser
cette obéissance quand il lui plaît : « Soyons soumis, dit l'Apôtre, non parce que le châtiment
nous menace, mais parce que la conscience l'exige ».

« Bien plus, s'il arrive au Pouvoir de dépasser les
limites de son autorité, la doctrine catholique ne
permet pas de s'insurger de soi-même contre lui, de
peur que la tranquillité de l'ordre n'en soit troublée
de plus en plus, et que la Société n'en reçoive encore
un plus grand dommage... Et le Pouvoir tombât-
il dans des excès tels, qu'il semblât qu'on dût
perdre tout espoir de salut... la patience chrétienne devrait apprendre à chercher le remède
dans le mérite, et dans d'instantes prières auprès
de Dieu... »

« Que tous ceux qui souffrent des abus du Pouvoir se rappellent donc que, s'il leur est permis de
chercher à obtenir une meilleure situation, ils ne
doivent jamais prendre que des moyens légitimes
pour atteindre ce but. Or, la raison et la justice
défendent de renverser l'ordre établi par la Providence ; le recours à la force, à la sédition et à la
violence sont des moyens insensés, qui, la plu-

part du temps, ne font qu'aggraver les maux qu'on voulait guérir ».

(Ency. : Immortale Dei)

§ II

Limites du respect dû à la Loi humaine.

« Il n'existe qu'une seule raison valable, de refuser l'obéissance au Pouvoir : c'est le cas, où il prescrirait une chose manifestement contraire au droit naturel ou divin ; car, s'il s'agissait d'enfreindre, soit la Loi naturelle, soit la volonté de Dieu : le commandement et l'exécution seraient alors également injustes. Si donc, on se trouvait réduit à cette alternative, de violer, ou les ordres de Dieu, ou ceux des gouvernants, il faudrait suivre le précepte de Jésus-Christ, qui ordonne de rendre à César ce qui appartient à César, et à Dieu ce qui est à Dieu — et, à l'exemple des Apôtres, on devrait répondre : « Il faut obéir à Dieu plutôt qu'aux hommes ».

« Et il serait injuste d'accuser ceux qui agiraient ainsi, de vouloir méconnaître le devoir de l'obéissance, car le Pouvoir dont la volonté est en contradiction formelle avec la volonté de Dieu, dépasse les limites de son autorité, et renverse l'ordre de la justice : il se met en conflit avec la Puissance divine ».

« C'est pourquoi, dès que le droit de commander fait défaut, et dès que le commandement est contraire à la raison, à la Loi naturelle, ou à la Loi divine, en d'autres termes, quand il ordonne de commettre une injustice, il est alors légitime de désobéir aux hommes, pour obéir à Dieu ».

« Par cette doctrine, se trouvent fermées les voies de la tyrannie... Le Pouvoir ne peut plus rapporter tout à Lui ; les droits de chaque citoyen, et ceux de la Société, sont sauvegardés... tous enfin, participent à la vraie Liberté, qui consiste, comme nous l'avons démontré, en ce que chacun peut vivre selon les Lois et selon la droite Raison ».

(Ency. : LIBERTAS. — DIUTURNUM)

DIXIÈME SECTION

LIBERTÉ DES CULTES

Déclaration. — Article x. — Nul ne peut être inquiété pour ses opinions, même religieuses, pourvu que leur manifestation ne trouble pas l'ordre établi par la Loi.

(Présenté par M. de Castellane : Adopté le 23 août 1789. *Moniteur*, p. 189).

EXTRAITS DES LETTRES APOSTOLIQUES

§ I.

Tolérance religieuse

« Il faut se garder d'accuser l'Église d'être l'ennemie, soit d'une légitime tolérance, soit d'une saine et juste liberté. Si Elle juge, en effet, qu'il n'est pas permis de mettre les divers Cultes sur le même pied légal que la véritable Religion, Elle est loin de condamner pour cela les chefs d'État, qui, en vue d'un bien à attendre, ou d'un mal à éviter, tolèrent, dans la pratique, que les divers Cultes aient chacun leur place dans l'État. — L'Église, d'autre part, a coutume de veiller avec le plus grand soin, à ce que personne ne soit forcé d'embrasser la foi catholique, car, ainsi que l'observe saint Augustin : « Ce n'est que librement que l'homme peut croire ».

(Ency. : LIBERTAS).

§ II.

Nécessité d'avoir une Religion.

« Cependant, il serait faux d'affirmer qu'il soit loisible à chacun, de professer telle religion qui lui plaira, ou même de n'en professer aucune. — N'est-il pas évident au contraire, que, *de tous les devoirs de l'homme, le plus grand et le plus saint, est celui qui lui ordonne de rendre un culte à Dieu ?* Ne sommes-nous pas perpétuellement sous sa dépendance? Gouvernés par sa Volonté et sa Providence, sortis de Lui, ne retournons-nous pas à Lui ? »

(Ency. : LIBERTAS).

Obligation de chercher à connaître la vraie religion.
Possibilité de la connaître.
Marques auxquelles on peut la reconnaître.

« Mais, comme on peut se demander si, parmi toutes les religions opposées qui ont cours, il en

est une qu'il faille suivre à l'exclusion des autres :
la Raison et la Nature s'unissent pour nous répondre, qu'il faut assurément suivre *celle que Dieu
a prescrite, et qu'il est d'ailleurs aisé de distinguer, grâce à certains signes extérieurs, par
lesquels la divine Providence a voulu la rendre
reconnaissable ;* des preuves très nombreuses et
éclatantes telles que la vérité des Prophéties ; la
multitude des Miracles ; la prodigieuse célérité
avec laquelle la Foi s'est répandue, même chez ses
adversaires les plus acharnés, et en dépit des plus
grands obstacles ; le témoignage des Martyrs, et
nombre d'arguments semblables prouvent en effet,
avec évidence, que la seule vraie Religion, est celle
que Jésus-Christ a instituée, et qu'Il a donné à
son Église la mission de garder et de propager ».

(Ency. : Immortale Dei).

§ III.

Même obligation et même possibilité pour l'État.

« D'un autre côté, si on affirmait qu'au point de
vue civil, l'État ne doit rendre aucun culte à Dieu,
ni autoriser aucun culte public ; que nulle religion
ne doit être préférée aux autres ; que toutes doivent être considérées comme ayant les mêmes
droits, sans même avoir égard au peuple, quand il

professe le catholicisme, cela serait également manifestement faux ; et il ne le serait pas moins, de soutenir, que la communauté civile n'a aucun devoir envers Dieu ; ou bien, qu'en en ayant, elle peut impunément s'en affranchir ».

« On ne peut mettre en doute, en effet, que la réunion des hommes en Société, ne soit l'œuvre de la volonté de Dieu ; c'est pourquoi, en tant que Société, elle doit reconnaître Dieu comme son Principe et son Auteur, et, par conséquent, rendre à sa Puissance et à son Autorité, l'hommage de son culte ».

« Non, de par la Justice, non, de par la Raison, l'État ne peut être athée ; ou, ce qui reviendrait au même, il ne peut être animé à l'égard de *toutes les Religions*, comme on dit, des mêmes dispositions, ni leur accorder indistinctement les mêmes droits ».

(Ency. : LIBERTAS).

Obligation de professer la Religion reconnue vraie.

« Et, puisqu'il est nécessaire de professer une Religion dans la Société, il faudra nécessairement professer celle qui est la seule vraie, et que l'on peut reconnaître sans peine, comme nous venons de le dire, surtout dans nos pays catholiques, aux signes de vérité dont Elle porte en Elle l'éclatant caractère. Par un grand nombre d'arguments très clairs, en effet, les Apologistes ont mis en lumière, et établi plusieurs points essentiels, comme ceux-ci : Dieu a parlé aux hommes, et leur a révélé certaines vérités. Le Fils unique de Dieu s'est fait homme, pour rendre témoignage à la vérité. Il a fondé une Société parfaite : l'Église, dont Il est le chef, et avec laquelle Il a promis de demeurer jusqu'à la consommation des siècles. Il a voulu confier à cette Société, toutes les vérités qu'Il avait enseignées, en lui donnant la mission de les garder, de les défendre et de les développer, avec une légitime autorité. Il a ordonné en même temps à toutes les Nations, d'obéir aux enseignements de son Église, comme à Lui-même, en menaçant de la perte éternelle, ceux qui contreviendraient à ses ordres. »

(Ency. : IMMORTALE DEI).

Droit de l'Église à la Liberté.

« Il ressort clairement de cette doctrine que le Maître le plus sûr et le meilleur pour l'homme est Dieu, source et principe de toute vérité ; ainsi que le Fils unique, qui est dans le sein de son Père, voie, vérité, vie et lumière véritable, pour éclairer tout homme ; et auquel, par conséquent, tout homme doit obéir ; et que, pour la Foi et la règle

des mœurs, Dieu a fait participer son Église
son Magistère sacré, en lui accordant le divin pri-
vilège de ne point connaître l'erreur et d'être
infaillible. Elle est donc la grande et sûre édu-
catrice des hommes et porte en Elle-même un
inviolable droit à la Liberté d'enseigner : de fait,
Elle trouve sa force dans les enseignements qu'Elle
a reçus du Ciel et, sans se laisser intimider par
les difficultés, Elle ne cesse de combattre pour
exercer librement son droit ».

(Ency. : Immortale Dei.— Libertas).

LIBERTÉ DE LA PAROLE ET DE LA PRESSE

Déclaration. — Article xi. — La libre communication des pensées et des opinions, est un des droits les plus précieux de l'homme : tout citoyen peut donc parler, écrire, imprimer, librement, sauf à répondre de cette liberté, dans les cas prévus par la Loi.

(Présenté par M. de La Rochefoucauld, adopté le 24 août 1789 *Moniteur*, p. 190).

EXTRAITS DES LETTRES APOSTOLIQUES :

§ I.

Liberté de propager le vrai et le bien.

« Chacun a le droit incontestable de se servir prudemment de la liberté, pour propager le vrai et le bien qui doivent profiter au plus grand nombre : il est des matières sur lesquelles chacun peut se former une opinion, et de même, librement l'exprimer ; la Nature n'y met aucun obstacle. Jamais

la liberté, ainsi comprise, n'a amené les hommes
à opprimer la vérité ; bien souvent, au contraire,
elle leur a été une occasion de rechercher la vérité
et de la mettre en lumière »...

(Ency. : IMMORTALE DEI).

Le mal n'a pas de droits.

« Mais, si la liberté de parler et d'écrire n'est pas
sagement modérée, si elle dépasse le but et la
mesure, elle cessé d'être *un droit;* car le *droit* est
une faculté morale, et, comme nous l'avons dit
et comme on ne saurait trop le redire, il serait
absurde de croire que la Liberté appartint, sans
distinction et sans discernement, à la vérité et au
mensonge, au bien et au mal »...

(Ency. : IMMORTALE DEI)

§ II.

Nécessité de réprimer les doctrines malsaines.

« Afin d'empêcher le mal de s'étendre pour la
ruine de la Société, il est donc juste que l'autorité
publique emploie sa sollicitude pour réprimer, et
les doctrines mensongères, qui sont la peste la plus
fatale pour l'esprit, et les vices, qui corrompent
les cœurs et les mœurs. — Les écarts d'un esprit
licencieux, qui, pour la multitude ignorante, de-

viennent facilement une véritable oppression, doivent être justement punis par l'autorité des Lois, non moins que les attentats de la violence, commis contre les faibles. Et cette répression est d'autant plus nécessaire, que, contre les artifices de style et les subtilités de dialectique, surtout quand ils flattent les passions, la partie la plus nombreuse de la population, ne peut assurément, ou ne peut que très difficilement, se tenir en garde ».

« Accordez à chacun la liberté illimitée de parler et d'écrire, rien ne demeure sacré et inviolable, rien ne sera épargné, pas même les vérités premières : ces grands principes naturels : l'existence de Dieu, l'immortalité de l'âme, l'éternité des récompenses et des châtiments, principes que l'on doit considérer comme le noble patrimoine commun à toute l'humanité. C'est ainsi que la vérité est peu à peu envahie par les ténèbres et que l'on voit, trop souvent, la domination des erreurs les plus pernicieuses et les plus diverses, s'établir avec facilité. Tout ce que la licence y gagne, la liberté le perd ; car on verra toujours la liberté grandir et se raffermir, à mesure que la licence sentira davantage le frein ».

(Ency. : Libertas. — Immortale Dei)

DOUZIÈME SECTION

FORCE PUBLIQUE.

Déclaration. — Article xii. — La garantie
des droits de l'homme et du citoyen nécessite une
force publique : cette force est instituée pour
l'avantage de tous, et non pour l'utilité particulière de ceux auxquels elle est confiée.

(1) Présenté par le Comité des six : adopté le 24 août 1789.
Moniteur, p. 189.)

EXTRAITS DES LETTRES APOSTOLIQUES

§ I.

Nécessité d'une Force publique.

« Les droits, partout où ils existent, doivent
être religieusement respectés, et c'est le devoir de
l'Etat de les assurer à tous les citoyens, en prévenant ou en vengeant leur violation : il appartient
en effet au Pouvoir de protéger la communauté et
les individus qui la composent : »

« 1° *La communauté,* parce que la Nature en

a confié la conservation au Pouvoir souverain, de telle sorte que le salut public n'est pas seulement ici la Loi suprême, mais la cause même et la raison d'être du Pouvoir. »

« 2° *Les individus*, qui font partie de la communauté ; parce que, de droit naturel, *le gouvernement ne doit pas viser l'intérêt de ceux qui détiennent le pouvoir, mais le bien de ceux qui leur sont soumis :* tel est l'enseignement de la Philosophie, non moins que celui de la Foi chrétienne. N'avons-nous pas dit que tout Pouvoir vient de Dieu ? que tout Pouvoir est une participation de son autorité suprême ; et que, dès lors, ceux qui en sont les dépositaires, doivent l'exercer à l'instar de Dieu, dont la sollicitude paternelle ne s'étend pas moins sur chaque créature en particulier, que sur tout l'univers. »

(Ency. : Rerum novarum).

§ II.

Emploi de la Force publique

« C'est pourquoi, si les intérêts généraux, ou ceux d'une classe en particulier, viennent à être lésés, s'il est impossible d'y remédier ou d'y obvier autrement, il faut recourir à la Force publique et à l'Autorité des Lois. »

« Les limites dans lesquelles ces Forces devront agir, seront déterminées par les fins pour lesquelles on invoque leurs services ; elles ne devront rien entreprendre que ce qui est nécessaire pour réprimer les abus et écarter les dangers ; elles ne devront pas s'avancer au-delà... »

(Ency. : RERUM NOVARUM.)

TREIZIÈME SECTION
CHARGES PUBLIQUES

Déclaration. — Article XIII. — Pour l'entretien de la force publique, et pour les dépenses d'administration, une contribution commune est indispensable ; elle doit être également répartie entre les citoyens, en raison de leurs facultés. Chaque citoyen a droit, par lui-même ou par ses représentants, de constater la nécessité de la contribution publique, de la consentir librement, d'en suivre l'emploi, et d'en déterminer la quotité, l'assiette et la durée.

(Présenté par le Comité des six : adopté le 24 août 1789. *Moniteur*, p. 190).

EXTRAITS DES LETTRES APOSTOLIQUES

§ I

Nécessité de participer aux charges publiques

« La Nature ordonne aux citoyens de contribuer, chacun pour leur part, à la tranquillité et à la prospérité publique : tous les citoyens doivent donc, sans exception, participer à former une masse de biens communs, lesquels du reste, par un juste retour naturel, se répartissent de nouveau entre les individus ; cependant les apports respectifs ne peuvent être pour tous, ni les mêmes ni de même nature... Dans quelle mesure seront-ils fournis, dans quelles conditions, sur quels objets porteront-ils ? c'est ce que doit établir la sagesse des hommes (1). »

(Ency.: Libertas).

§ II

Les charges publiques doivent être imposées avec sagesse et réparties avec équité

« Toutefois, une condition indispensable, pour que tous les avantages que chacun est en droit d'attendre de la Société deviennent des réalités, c'est que les Charges publiques soient réparties avec équité et que la propriété privée ne soit pas épuisée par des excès de Charges et d'Impôts. »

« Le droit de propriété émane de la Nature et non des Lois humaines, c'est pourquoi le Pouvoir public ne peut l'abolir ; tout ce qu'il peut, c'est en modérer l'usage et le concilier avec le bien commun : il agirait donc contre la justice et l'humanité, si, sous prétexte de lever des Impôts il grevait, outre mesure, les biens des particuliers ».

(Ency. : Libertas. — Humanum genus).

(1) Nous avons vu que , sous un gouvernement démocratique, chacun a le droit de contribuer à l'établir par ses représentants.

RESPONSABILITÉ DU POUVOIR

Déclaration. — ARTICLE XIV. — La Société a le droit de demander compte à tout agent public de son administration.

(Présenté par le Comité des six : adopté le 26 août 1789. *Moniteur*, p. 193.)

EXTRAITS DES LETTRES APOSTOLIQUES

§ Ier

Le Pouvoir social peut demander compte à tout agent public de son administration

« Mais le principe de la souveraineté du peuple, qu'on dit résider de droit naturel dans le peuple, sans tenir aucun compte de Dieu, est éminemment propre à flatter les passions populaires, et ne repose sur aucun fondement solide ; il ne saurait assurément avoir assez de force pour garantir la sécurité publique et maintenir l'ordre : en effet, sous l'empire de cette doctrine, les principes ont fléchi à ce point que, pour un grand nombre, c'est une loi imprescriptible, en politique, de pouvoir légitimement soulever des séditions. L'opinion que les chefs de gouvernements ne sont que des délégués chargés par le peuple, d'exécuter les volontés du peuple ayant prévalu, on en conclut nécessairement que tout peut changer au gré du peuple, de sorte que des troubles sont toujours à redouter (1). »

(Ency. : IMMORTALE DEI).

§ II.

Le Pouvoir social n'est responsable que devant Dieu

« Or, Dieu seul est le maître des choses ; toutes, quelles qu'elles soient, doivent nécessairement Lui être soumises et Lui obéir, de telle sorte que quiconque a le droit de commander ne tient ce droit que de Dieu. Quelle que soit la forme de gouvernement, les chefs d'État doivent donc avoir le regard fixé sur Dieu, souverain modérateur du monde, et, dans l'accomplissement de leur mandat, le prendre pour modèle et pour règle ; car, de même que, dans les choses visibles, Il a créé

(1) « Le Pouvoir social peut demander compte de son administration à tout agent public qui le représente, qui exécute ou doit faire exécuter ses ordres...

des causes secondes en qui se reflètent d'une certaine manière la nature de l'action divine,.... et qui concourent à mener cet univers au but vers lequel il tend,.,.. ainsi Il a voulu que, dans la Société civile, il y eut une autorité dont les dépositaires fussent comme une image de sa Providence et de la puissance qu'Il possède sur le genre humain. »

« C'est pourquoi, le commandement doit être juste et ressembler moins au gouvernement d'un maître qu'à celui d'un père..... car l'autorité de Dieu sur les hommes, tout en étant souverainement juste, est unie à une paternelle bonté. Si les chefs d'État se laissent donc entraîner à exercer une domination injuste, s'ils pèchent par abus de pouvoir ou par orgueil, qu'ils le sachent bien, *ils auront un jour à rendre compte à Dieu de leur administration* ; et ce compte sera d'autant plus sévère, que plus sainte est la fonction qu'ils exercent, et plus élevé le degré de dignité dont ils sont revêtus.... « Les puissants seront puissamment punis. »

(Ency. : Immortale Dei).

QUINZIÈME SECTION

GARANTIE DES DROITS. — DISTINCTION DES POUVOIRS.

Déclaration. — ARTICLE XV. — Toute Société dans laquelle la garantie des droits n'est pas assurée, et la séparation des pouvoirs déterminée, n'a pas de constitution.

(Présenté par le Conseil des Six : Adopté le 26 août 1789. *Moniteur*, page 193).

EXTRAITS DES LETTRES APOSTOLIQUES

§ I.

Nécessité de la garantie des droits et de la distinction des Pouvoirs.

« Il ne doit y avoir, entre les Pouvoirs civil et religieux, ni contradiction, ni confusion : l'un a pour but la prospérité de la Patrie terrestre, l'autre le bien général de l'Église; tous deux doivent conduire l'homme vers sa perfection. Or, la délimitation des *droits* et des *devoirs* étant bien établie, il est de toute évidence que les Chefs d'État sont libres dans l'exercice de leur pouvoir de gouvernement : et, non seulement l'Église ne répugne pas à cette liberté, mais Elle la seconde de toute ses forces, puisqu'Elle recommande de pratiquer *la piété*, c'est-à-dire la justice envers Dieu, et par là même envers ceux qui sont revêtus de l'autorité. » — « Il faut avouer cependant que la Puissance spirituelle a une fin bien plus noble, puisqu'Elle gouverne les hommes uniquement pour « défendre le royaume de Dieu et sa justice ». — On porterait donc atteinte à l'intégrité de la foi si on mettait en doute que l'Église ne fut pas seule investie du Pouvoir de gouverner les âmes, à l'exclusion absolue de l'autorité civile : ce n'est pas en effet à César, mais c'est à Pierre, que Jésus-Christ a remis les clefs du royaume des cieux (1). »

(Ency. : SAPIENTIÆ CHRISTIANÆ).

(1) « Rendez à César ce qui appartient à César, et à Dieu ce qui appartient à Dieu ». — Dans ces paroles du Christ nous trouvons le germe *des vrais droits de l'homme*, qui naissent, comme le dit Léon XIII, de ce que l'homme a des devoirs envers Dieu. Si, en effet, il n'avait pas de devoirs à remplir envers son Créateur, pour atteindre sa fin, comment pourrait-il prétendre au droit à la liberté, c'est-à-dire à la faculté de choisir et de prendre les moyens nécessaires pour arriver à son but ? Comment aurait-il droit à la propriété, à la sécurité, à la résistance à l'oppression ? droits qui lui sont indispensables pour remplir ses devoirs ?

Mais, nous trouvons aussi dans ces paroles, bien nettement établies, et pour la première fois, la distinction des Pouvoirs civil et religieux : *cette distinction est le fondement de la vraie liberté civile et religieuse* : Elle est l'un des plus grands bienfaits que

§ II.

Les Pouvoirs doivent être distincts, mais non séparés.

L'Église et la Société civile ont chacune leur Souveraineté propre ; par conséquent, dans la gestion des intérêts qui sont de leur compétence, l'une n'est pas tenue d'obéir à l'autre tant que chacune

l'humanité doive au Christianisme ; c'est elle en effet qui délivre l'homme de l'une des armes les plus terribles qui existent : la tyrannie. C'est du jour où le Christ la proclama que l'homme osa s'aventurer à résister légalement et justement au Pouvoir, quand celui-ci tentait de sortir de ses limites naturelles ; c'est de ce jour que quiconque, mis en possession de la force brutale, devenait tyran, par une cupidité frénétique de l'omnipotence, put s'entendre dire : « Arrêtez, vous n'en avez pas le droit ».

« Il ne faut donc jamais oublier que *toutes les libertés sont contenues en germe dans la distinction des Pouvoirs,* toujours si énergiquement défendue par l'Eglise. Toute puissance humaine, en effet, qu'elle soit confiée à un seul homme ou à plusieurs, est exposée aux tentations de l'orgueil ; si elle y succombe, si elle ne veut pas se maintenir dans ses limites, si elle nie toute autre puissance, son aberration cause immanquablement sa perte. Aussi, pour remplir réellement et d'une manière durable sa mission providentielle, toute puissance humaine, quelle qu'elle soit, doit-elle se renfermer dans ses limites normales, et bien se garder de s'attribuer l'étendue de la toute puissance divine. »

« Quand les pouvoirs de l'Eglise, de l'Etat, de la famille, de la commune, de la magistrature, de l'armée, sont bien distincts, quand aucun d'eux ne sort de la sphère qui lui est propre, et que tous concourent au bien général, chacun d'eux est libre et s'exerce librement : c'est de l'ensemble harmonieux de ce libre exercice que naît la paix civile ; au contraire, si les pouvoirs agissent égoïstement, isolément, empiétant les uns sur les autres, il en résulte la tyrannie et la mort. »

(Conf. CARD. CAPECELATRO, Doct. Cat. III. IX.)

d'elles reste dans la sphère bien déterminée de ses attributions respectives. — Il ne s'en suit pas pourtant que ces deux Sociétés doivent être désunies, séparées et encore moins, ennemies l'une de l'autre. »

(Ency. : Sapientiæ Christianæ).

« Il est évident, au contraire, que les deux pouvoirs, bien que distincts par leur mission et leur dignité, doivent harmoniser leur action et s'aider mutuellement par un échange de bons offices. »

(Ency. : Libertas).

« On reconnaîtra même en y regardant de près, que la « Constitution chrétienne des États », c'est-à-dire l'accord entre le Pouvoir civil et l'Église, possède une perfection très grande, qui manque assurément à tout autre système politique : cette « Constitution », en effet, ne serait-elle pas à même de produire des fruits excellents, si chaque Pouvoir demeurait dans ses attributions, et mettait tous ses soins à remplir la mission et la charge qui lui est confiée ? »

« Quand la sphère des choses divines et celle des choses humaines est parfaitement délimitée, *les droits des citoyens* sont assurés par la triple pro-

tection des Lois divine, naturelle et humaine...
Les devoirs de chacun sont tracés par ces mêmes Lois, et tous les hommes, dans la route incertaine qu'ils ont à parcourir, savent que d'un côté, ils ont des guides sûrs et des secours pour atteindre leur fin surnaturelle, et que d'un autre côté, pour obtenir et conserver la sécurité ici-bas, les biens, et tous les avantages terrestres, d'autres Chefs leur ont été donnés (1). »

(Ency. : Immortale Dei).

(1) « Il est facile de distinguer le Pouvoir civil du Pouvoir religieux, car, s'ils se touchent à leur point de départ dans l'unité indivisible de l'homme, ils entreprennent ensuite deux routes tout à fait différentes, et aboutissent à des points divers : l'un, cherchant le Ciel, l'éternité, l'infini ; l'autre, se bornant à la terre, au temporel, au fini.... ils peuvent donc facilement suivre leur voie respective, sans se nuire et sans s'embarrasser... Mais ces Pouvoirs s'embrassent si étroitement qu'il serait absurde de rêver leur séparation ; il faut les distinguer, non vouloir les séparer. »

« L'homme est *un* et, parce qu'il est un, il fait consister la perfection, non dans la séparation des choses distinctes, mais dans leur réunion ; et, parce qu'il est un, il ne peut vouloir, au point de vue civil, le contraire de ce qu'il veut au point de vue religieux. »

« Quand l'Etat fait reposer la vie civile sur le principe de la Religion, l'harmonie s'établit d'elle-même entre les deux Sociétés ; mais, au contraire, s'il est hostile à l'Eglise, la vie civile s'endort bien vite dans l'indifférence religieuse. C'est alors le devoir des chrétiens de chercher, par tous les moyens possibles, à créer un lien quelconque entre l'Eglise et l'Etat, tel que le font les conditions présentes, sans s'astreindre à maintenir ou à rétablir des liens qui existaient autrefois et qu'il serait impossible de renouer aujourd'hui. Une Société civile aux trois quarts incroyante, peut-elle être unie à l'Eglise, comme l'était la Société qui incarnait en quelque sorte le droit ecclésiastique dans ses Lois, et en faisait un élément indispensable de son existence ? »

« Résignons-nous donc à voir suceéder à l'accord complet qui existait autrefois entre l'Eglise et l'Etat, l'accord partiel et laborieusement combiné des « Concordats » qui ont commencé avec la Réforme. »

(Conf. Cardinal Capecelatro Doct. Cat. III. IX.)

CONCLUSION

« La vraie Liberté, celle qu'il faut désirer avant tout, c'est donc celle qui, dans l'ordre individuel, ne laisse l'homme esclave, ni des erreurs, ni des passions, lesquelles sont ses pires tyrans; c'est celle qui, dans l'ordre public, trace aux citoyens des règles sages; facilite, dans la plus large mesure, l'accroissement des avantages de la vie, et sauvegarde la république d'un joug arbitraire ».

« Cette Liberté honnête et digne de l'homme, l'Église l'approuve sans aucune réticence. Et, pour en garantir aux Peuples la jouissance entière et assurée, il n'est pas d'efforts qu'Elle n'ait faits et il n'est pas de luttes qu'Elle n'ait soutenues. Oui, tout ce qui peut être salutaire au bien public, tout ce qui peut utilement protéger les Peuples contre les abus du Pouvoir, tout ce qui peut empêcher les empiètements injustes de l'État sur les communes ou sur les familles, tout ce qui peut sauvegarder l'honneur de la personnalité humaine ou les droits individuels, l'Église catholique l'a toujours imaginé, l'a soutenu, ou l'a pris sous sa protection; c'est ce qu'attestent les monuments de tous les âges. Toujours conséquente avec Elle-même si, d'une part, Elle repousse une liberté immodérée, qui dégénèrerait certainement bientôt en licence ou en servitude pour les Peuples et les individus, de l'autre, c'est avec bonheur qu'Elle voit et accepte les progrès qui naissent chaque jour, lorsqu'ils doivent contribuer réellement à la prospérité de cette vie mortelle, qu'Elle regarde comme un acheminement vers la vie future et éternelle. »

« Ne serait-ce donc pas une calomnie sans fondement que de venir dire que l'Église voit de mauvais œil les formes des systèmes politiques modernes? et qu'Elle repousse en bloc toutes les découvertes du génie contemporain? »

« Non, non, si Elle répudie les opinions malsaines et tout pernicieux penchant à la révolte, si Elle réprouve en particulier toute prédisposition des esprits dans laquelle Elle voit percer la volonté de s'éloigner de Dieu, Elle reconnaît comme une trace de l'intelligence divine, tout ce que les recherches de l'esprit humain peuvent découvrir « *de vérité* »; car ce qui est vrai ne peut procéder que de Dieu. »

« Cette conduite, si sage et si raisonnée de l'Église, est cependant discréditée à ce point que les

États refusent, non seulement de se conformer aux principes de la Philosophie chrétienne, mais paraissent vouloir s'en éloigner chaque jour encore davantage. C'est pourquoi, sachant que le propre de la lumière est de rayonner d'elle-même au loin, et de pénétrer peu à peu les esprits des hommes, Nous proclamons librement la vérité ; car Notre désir est de voir les affaires publiques suivre des voies moins périlleuses et reposer sur de plus solides fondements. »

« Et en agissant ainsi, Nous voulons protéger la légitime liberté des peuples ! car, chez les hommes, la mère et la plus sûre gardienne de la liberté, c'est la vérité ! « La vérité vous rendra libres » (Jean VII.)

(Ency. : IMMORTALE DEI).

TABLE DES MATIÈRES

Poitiers. — Imp. Blais et Roy, 7, rue Victor-Hugo.

PARIS

Librairie de **P. LETHIELLEUX**, Éditeur

10, RUE CASSETTE, 10

LE MAL SOCIAL, SES CAUSES, SES REMÈDES, par DON
Sarda y Salvany. 3 vol. in-12° 7 50

Ouvrages de M. l'abbé A. KANNENGIESER :

CATHOLIQUES ALLEMANDS. In-12° 3 50

LE RÉVEIL D'UN PEUPLE. In-12° 3 50

DEUX ADVERSAIRES DU POUVOIR TEMPOREL.
In-12° 3 50

LA POLITIQUE DE LÉON XIII par le R. P. Brandi, Prêtre
de la Compagnie de Jésus, rédacteur à la « CIVILTA CATTO-
LICA » à Rome. In-12° 1 50

DE LA CONDITION DES OUVRIERS. — Encyclique de S. S.
Léon XIII (15 mai 1891). In-12° 0 25 le *cent* 12 50

L'ÉGLISE ET LE TRAVAIL MANUEL, par l'abbé Sabatier,
du clergé de Paris. In-12° 3 50

LA QUESTION OUVRIÈRE par M. l'abbé Féret, du diocèse
de Paris. In-12° 3 50

L'ÉGLISE ET LA QUESTION SOCIALE par M. l'abbé G. de
Pascal, missionnaire apostolique. In-12° 1 00

Ouvrages du R. P. Maumus, dominicain :

LA RÉPUBLIQUE ET LA POLITIQUE DE L'ÉGLISE
In-12° 2 00

L'ÉGLISE ET LA DÉMOCRATIE. In-12° 3 50

LA PACIFICATION POLITIQUE ET RELIGIEUSE.
In-12° 0 50

www.ingramcontent.com/pod-product-compliance
Ingram Content Group UK Ltd.
Pitfield, Milton Keynes, MK11 3LW, UK
UKHW022106070726
13613UKWH00002B/956